W0233291

Materialien zur Kommunikationsförderung
von Menschen mit schwersten Formen cerebraler Bewegungsstörungen

Heinz Sevenig
unter Mitarbeit von
Ursula von Köller

verlag selbstbestimmtes leben – düsseldorf

CIP-Titelaufnahme der Deutschen Bibliothek

Materialien zur Kommunikationsförderung
von Menschen mit schwersten Formen cerebraler
Bewegungsstörungen / (Heinz Sevenig unter Mitarbeit von
Ursula von Köller)
Düsseldorf: verlag selbstbestimmtes leben
2. Auflage, 1994, ISBN 3–910095–21–6, Efal.: 16,80

NE: Sevenig, Heinz
SG: 33 Medizin, 11 Psychologie, Rehabilitation

Titelgestaltung: Cornelia Pasch, Krefeld
Redaktion: Rudi Tarneden

Gesamtherstellung: Druckerei Locher GmbH, Köln

Die vorliegende Dokumentation geht zurück auf das Forschungsprojekt „Zur Förderung von Kindern und Jugendlichen mit schwersten Foremen cerebraler Bewegungsstörungen und Anarthrie" der Forschungsgemeinschaft „Das körperbehinderte Kind" e.V. (Projektleitung: Dr. Heinz Sevenig unter Mitarbeit von Ursula von Köller)

DIE HERSTELLUNG DIESER DOKUMENTATION ERFOLGT MIT FREUNDLICHER UNTERSTÜTZUNG DES BUNDESMINISTERIUMS FÜR FAMILIE UND SENIOREN.

Editorial

Die Situation von Menschen, die sich nicht über die Lautsprache verständlich machen können, ist in den letzten Jahren zu einem wichtigen Thema der (sonder)pädagogischen Diskussion geworden. Diese Diskussion leitet sich aus ganz unterschiedlichen Quellen ab: Eltern und Praktiker in der pädagogischen Arbeit geben dazu ebenso Impulse wie die schnellen Entwicklungen im Bereich technischer, z. T. elektronischer Hilfsmittel. Schließlich befruchten Erfahrungen aus dem Ausland, insbesondere den USA (Alternative and Augmentative Communication), durch wissenschaftliche Veröffentlichungen und persönliche Kontakte die Arbeit. Der Bundesverband für Körper- und Mehrfachbehinderte e. V. engagiert sich seit vielen Jahren bei der Verbreitung der BLISS-Symbol-Kommunikationsmethode und veranstaltete 1988 eine vielbeachtete Fachtagung zur „Kommunikation und Sprache körperbehinderter Kinder". In enger Zusammenarbeit mit der Gesellschaft für Alternative Kommunikation e. V. wurden 1992 und 1993 zwei große Fachtagungen zum Thema „Unterstützte Kommunikation" durchgeführt.

Die vorliegende Materialsammlung geht auf ein umfangreiches Forschungsprojekt der Forschungsgemeinschaft „Das Körperbehinderte Kind" e.V. zurück. Sie stellt eine erste Sichtung, Beschreibung und Einordnung vielfältiger Materialien zur Kommunikationsförderung bei Kindern mit schwersten Formen cerebraler Bewegungsstörungen dar. Da die Fülle möglicher Hilfsmittel und Materialien kaum zu überschauen ist, liegt ihre Funktion darin, Anregungen und Hilfen zur Orientierung zu geben.

Der Aufbau einer Kommunikationsförderung beinhaltet jedoch weit mehr als die Planung des Einsatzes entsprechender Materialien. Ein umfassendes pädagogisch-therapeutisches Wissen, qualifizierte Beratung bei Auswahl und Anpassung von Hilfsmitteln und nicht zuletzt die Bereitschaft, sich auf die Lebenssituation des nichtsprechenden Menschen einzustellen sind unabdingbare Voraussetzung. Der Verlag Selbstbestimmtes Leben bereitet zu diesen Aspekten mehrere Veröffentlichungen vor: Eine Elternbroschüre zur Einführung, ein Praxishandbuch zur Unterstützten Kommunikation und einen Reader, der die aktuelle Fachdiskussion zusammenfaßt.

Inhalt

Einleitung

Die vorliegende Dokumentation soll eine Hilfe und Anregung sein für Eltern, Betreuer, professionelle und nicht professionelle Helfer, die sich um Menschen bemühen, die eine sehr schwere cerebrale Bewegungsstörung in Verbindung mit Dysarthrie oder Anarthrie aufweisen.

Die Auswirkung dieser sehr schweren cerebralen Bewegungsstörungen ist ein weitgehender Verlust der Willkürmotorik. Dies hat zur Folge, daß diesen Menschen sinngebende und verständliche kommunikative Signale wie Mimik, Gestik oder gar Sprache nicht möglich sind. Aufgrund unterschiedlicher und unterschiedlich schwerer Wahrnehmungsstörungen ist darüber hinaus die Aufnahme kommunikativer Signale aus der Mitwelt in erheblichem Maße eingeschränkt. Das primäre Ziel des Umgangs mit diesen Menschen muß daher in der Verbesserung der Beziehungsqualitäten, der Interaktion mit anderen Personen liegen. Daraus ergeben sich einzelne Förderbereiche, die als Voraussetzung zur Schaffung einer Kommunikationskompetenz zunächst betrachtet werden müssen. So müßte z.B. im Bereich Wahrnehmung evtl. über ein Hörgerät gewährleistet sein, daß der Kommunikationspartner mich hört, wenn ich eine Antwort auf meine Frage erwarte. Die kommunikative Not dieser Menschen liegt oft darin, daß solche Voraussetzungen für kommunikative Kompetenz nicht genügend überprüft und gefördert werden. Mit jemandem, der nicht sprechen kann, muß ich eine Geste als Ja/Nein-Reaktion vereinbaren; mit jemandem, der kaum Willkürmotorik besitzt, muß ich eine Geste finden oder gemeinsam mit ihm entwickeln, die er einigermaßen verläßlich willkürlich einsetzen kann; mit jemandem, der scheinbar keinerlei Reaktionen zeigt, kann eine durch basale Förderung erreichte Greifreaktion ein erstes kommunikatives Signal („Ich spüre etwas") sein. Vegetative Reaktionen wie Herzschlag, Puls, Atmung etc. können häufig als erste kommunikative Signale verstanden und für den Aufbau von Interaktion genutzt werden.

Eine Förderung, die die Verbesserung der Verständigung und somit auch die Verselbständigung des Menschen zum Ziel hat, muß da beginnen, wo dieser Mensch mit seinen Fähigkeiten, Fertigkeiten und Erfahrungen steht. Zur Unterstützung der Entwicklung dieser Fähigkeiten können daher sehr unterschiedliche Hilfsmittel und Vorgehensweisen notwendig sein, die manchmal vielleicht etwas technisch oder beziehungsfremd anmuten. Jedoch sind dies in jedem Fall nur Hilfsmittel, die zur Schaffung einer Beziehung nutzbar gemacht werden und auch nur eingesetzt werden sollten, wenn sie von den beteiligten Personen akzeptiert werden können. Viele technische Hilfsmittel sind aus unserem täglichen zwischenmenschlichen Leben nicht mehr wegdenkbar und erleichtern Interaktion (z.B. Telekommunikation, Schreibhilfen, Sehhilfen ...).

Die Materialsammlung ist im Rahmen eines ebenfalls vom Bundesministerium für Familie und Senioren in den Jahren 1989–1991 geförderten Forschungsprojektes zur Förderung schwerstcerebralparetischer Kinder und Jugendlicher entstanden und erprobt worden. In diesem Projekt entstanden ebenfalls mehrere Videoaufnahmen. Eine ausführliche Beschreibung der Ergebnisse der Förderungen liegt als Projektbericht vor (SEVENIG 1991) und wird 1994 unter gleichem Titel veröffentlicht werden. Das Projekt stand unter der Zielsetzung, den Kindern durch eine Verbesserung ihrer motorischen, psychischen und kognitiven Möglichkeiten die Interaktion mit ihren Bezugspersonen und der weiteren Mitwelt zu erleichtern oder überhaupt erst zu ermöglichen. Das Ergebnis der im Rahmen des Projekts durchgeführten Förderungen war, daß selbst bei Kindern, die als geistig behindert galten, deutliche Fördererfolge in Form von verbesserten Kommunikationsmöglichkeiten sichtbar wurden. Es scheint also kein signifikanter Zusammenhang zwischen dem Fördererfolg und einer vermuteten geistigen Behinderung zu bestehen. Der Erfolg scheint vielmehr mit den gewählten Förderansätzen zusammenzuhängen. Der Einsatz spezifischer, auf die Ausgangssituation des Behinderten abgestimmter Fördermaterialien spielt dabei eine entscheidende Rolle.

Die besondere Bedeutung der Fördermaterialien gab den Anstoß, die Kommunikationsförderung im Hinblick auf einen möglichen Materialeinsatz zu untersuchen und das Material sowie dessen Verwendung in der Förderung in einer Dokumentation festzuhalten.

Zwangsläufig muß sich eine solche Dokumentation zunächst mit der Zielgruppe, den schwerstbehinderten Menschen, zu denen auch die Menschen mit schwersten cerebralen Bewegungsstörungen gehören, beschäftigen. Es wird im folgenden die Art und das Ausmaß ihrer Behinderung beschrieben und in welcher Weise besonders ihre Kommunikationsmöglichkeiten davon betroffen sind. In einem nächsten Schritt werden anhand eines ganzheitlichen Modells verschiedene Förderansätze dargestellt, die für die Kommunikationsförderung schwerstbehinderter Menschen relevant sind.

Um die Fördermaßnahmen in Bezug auf die recht heterogene Zielgruppe beschreiben zu können, haben wir diese in vier Gruppen eingeteilt, die sich an den Entwicklungsstufen der Kommunikationsfähigkeit orientieren. Anhand dieser schematischen Einteilung werden dann die für die entsprechenden Entwicklungsgruppen relevanten Materialien und Maßnahmen vorgestellt.

Die Auswahl der Materialien bezieht sich hauptsächlich auf die im Projekt benutzten Medien, da sie auf dem Hintergrund der Arbeit mit Schwerstbehinderten entwickelt und immer weiter verbessert wurden. Der Katalog der Fördermaterialien erhebt daher keinen Anspruch auf Vollständigkeit, er stellt nur einige Möglichkeiten dar, auf deren Grundlage weitere Anregungen aufgebaut werden können.

Über den praktischen Einsatz der Fördermaterialien wurde ein Videofilm erstellt, der ihre Anwendung in der Förderung mit schwerstbehinderten Kindern zeigt. Dieser Film kann über die Forschungsgemeinschaft „Das körperbehinderte Kind" e.V. und beim Bundesverband für Körper- und Mehrfachbehinderte e.V. käuflich erworben oder ausgeliehen werden.

Zum Begriff der Schwerstbehinderung

Es herrscht in der sonderpädagogischen Literatur weitgehend Einvernehmen darüber, daß der Begriff der „Schwerstbehinderung" nicht eindeutig und allgemeingül-
tig definiert ist. Unterschiedliche Autoren beschreiben mit diesem Begriff jeweils
eine andere Gruppe von Kindern, mit jeweils unterschiedlichen Merkmalen, oft
ohne dies explizit zu definieren. So setzt im besten Fall jeder Autor eine eigene, auf
seine Zielgruppe zugeschnittene Definition von „schwerster Behinderung" fest.

Der KULTUSMINISTER (1985, S. 5) des Landes Nordrhein-Westfalen schreibt in den
Richtlinien für die Förderung schwerstbehinderter Schüler in Sonderschulen „Die
vorliegenden Empfehlungen wenden sich an Schulen, die Schüler aufnehmen mit
schwerster geistiger Behinderung, ... schwerer Mehrfachbehinderung, verstanden
als komplexes Syndrom, dessen Teilaspekt geistige Behinderung in Verbindung mit
Blindheit, hochgradiger Erziehungsschwierigkeit, Gehörlosigkeit, Körperbehinde-
rung, chronischen Erkrankungen auftritt." In dieser Beschreibung wird festgelegt,
daß alle schwerstbehinderten Menschen auch geistig behindert sind.

Es besteht die Gefahr, daß eine solche Festschreibung in den Richtlinien eine intensive kognitive Förderung dieser Menschen als nicht erfolgversprechend erscheinen
läßt. Im Extremfall könnte sich in der Praxis die Meinung durchsetzen, daß
schwerstbehinderte Menschen nicht gefördert, sondern nur gepflegt werden müssen. Gerade bei Menschen mit schwersten cerebralen Bewegungsstörungen ist
jedoch die Diagnose der kognitiven Möglichkeiten mitunter sehr schwierig und erst
nach einer intensiven und zeitaufwendigen Kommunikationsförderung möglich.

Sowohl SEVENIG (1991) als auch HAUPT und FRÖHLICH (1982) sind der Meinung,
daß bei einer schweren cerebralen Bewegungsstörung immer eine Mehrfachbehinderung, im Sinne einer Beeinträchtigung auf mehreren Sinnesgebieten, vorliegt,
jedoch nicht zwangsläufig auch eine geistige Behinderung. Man kann aus dem
äußeren Erscheinungsbild und den Verhaltensweisen dieser Menschen nicht
zwangsläufig auf eine vorliegende geistige Behinderung schließen, da man deren
kognitive Fähigkeiten, aufgrund der extrem erschwerten Kommunikation, nicht
sicher feststellen kann. Diese Kinder haben ohne entsprechende Förderung nicht
die Chance, ihre kognitiven Möglichkeiten transparent zu machen. Aus diesem
Grund sollte die alleinige Verwendung des Begriffs „schwerstbehindert" im Zusammenhang mit Menschen mit schwersten cerebralparetischen Bewegungsstörungen
abgelehnt werden. Solange über den kognitiven Status und die kommunikativen
Möglichkeiten dieser Menschen Unklarheit herrscht, sollte auch nur von Menschen
mit schwersten cerebralen Bewegungsstörungen gesprochen werden, um die Vorstellungen einer mit der Schwerstbehinderung oftmals assoziierten geistigen Behinderung zu vermeiden. Der Begriff „schwerstbehindert" besagt zunächst einmal nur,
daß es sich um eine besonders schwere Form von Behinderung handelt, wobei
noch nicht einmal präzisiert wird, welche Behinderung die primäre ist und welche

Beeinträchtigungen zusätzlicher Art bzw. Sekundärbehinderungen sind. Bezüglich der Ausprägung der Behinderung bleibt die Definition vieldeutig.

Da die Folgen einer cerebralen Bewegungsstörung die verbale und mimisch-gestische Kommunikation unmöglich machen können, sollte eine Vermutung auf eine geistige Behinderung dieser Menschen sehr vorsichtig und erst nach intensiver Förderung im kognitiven und kommunikativen Bereich geäußert werden. Auch bei Vorliegen einer zusätzlichen geistigen Behinderung kann dann nur von einer schwersten cerebralen Bewegungsstörung mit geistiger Behinderung gesprochen werden. Aufgrund einer primären sensorischen Schädigung kann eine geistige Behinderung, die eine Einschränkung der kognitiven Entwicklung unterschiedlich schweren Ausmaßes darstellt, vorliegen. Eindeutige Zusammenhänge zwischen Lokalisation und Schwere der Läsion und Schweregrad der geistigen Behinderung sind nur in Ansätzen möglich. Inwieweit noch Entwicklungspotentiale vorhanden sind, kann letztlich nur vermutet werden. Hierzu müssen Daten über die Entwicklungsgeschichte, insbesondere über die Fördermaßnahmen, die Art ihrer Durchführung sowie den momentanen Ausgangszustand vorliegen. Letztlich sind Entwicklungsprognosen auch nach durchgeführten Förderungen nur sehr eingeschränkt möglich. Darüber hinaus darf nicht vergessen werden, daß auch spontane und unvermutete Entwicklungssprünge auftreten können. Es soll daher auf keinen Fall abgegrenzt werden zwischen geistiger und körperlicher Behinderung, es soll lediglich sichergestellt werden, daß jedes dieser Kinder Förderung und Anregung bekommt, die ihm eine kognitive Entwicklung ermöglichen könnten.

Eine solche Sichtweise rückt die Entwicklungsperspektive dieser Kinder in den Mittelpunkt. Sie schafft die Basis für ein Vorschußvertrauen, um Erfolge einer Förderung erwarten zu können. Diese Hoffnung ist, wie das Ergebnis der Untersuchung von SEVENIG (1991) zeigt, auch durchaus berechtigt und notwendig. Es wurde zum einen festgestellt, daß kein signifikanter Zusammenhang zwischen Fördererfolg und in der Schulakte oftmals diagnostizierter geistiger Behinderung vorliegt. Zum anderen läßt sich aufgrund der Untersuchungsergebnisse vermuten, daß ein Vorschußvertrauen in die Entwicklungsmöglichkeiten dieser Menschen den Fördererfolg positiv beeinflußt. Natürlich kann dieses Vorschußvertrauen nur dann als echtes Gefühl in die Förderung eingebracht werden, wenn gleichzeitig eine hohe Mißerfolgstoleranz den zeitlichen Rahmen für erwartete Entwicklungsfortschritte nicht zu eng setzt. Dies heißt natürlich auch, daß die Beschäftigung mit diesen Menschen sich nie auf einen rein pflegerischen Aspekt beschränken kann.

Man könnte daher eher einer 1978 gegebenen Definition des Kultusministers des Landes Nordrhein-Westfalen folgen, in der zwei Gruppen von Schwerstbehinderten beschrieben werden:

(1) Menschen, die von zwei oder mehr hochgradigen Behinderungen betroffen sind, wobei eine geistige Behinderung nicht beteiligt sein muß, und

(2) Behinderte, die von einer körperlichen, geistigen oder seelischen Behinderung schwersten Ausmaßes betroffen sind.

Es dürfte also immer sinnvoll sein, den Begriff der Schwerstbehinderung zu präzisieren, etwa als eine schwerste Form cerebraler Bewegungsstörung mit oder ohne geistiger Behinderung.

Kommunikation und Interaktion

Hier soll etwas eingehender auf die Problematik der Interaktion mit Menschen mit schwersten cerebralen Bewegungsstörungen eingegangen werden.

Wechselseitige Kommunikation ist eines der Grundbedürfnisse der Menschen, denn erst durch die Interaktion (wechselseitiges Aussenden und Wahrnehmen von kommunikativen Signalen) wird das Leben in der Gesellschaft möglich. In der Interaktion wirken die Interaktionspartner meist geplant und zielgerichtet mittels kommunikativer Signale aufeinander ein. Interaktion meint also alles, was zwischen zwei oder mehr Menschen in Aktion und Reaktion geschieht. Da wechselseitige Abläufe, Aktion und Reaktion, wechselseitiges Aufeinandereinwirken aber nur denkbar sind, wenn ausgesandte Verhaltensweisen oder Mitteilungen auch vom Partner aufgenommen werden können, ist die interpersonelle Wahrnehmung ein implizites Element der Interaktion. Daß die Wahrnehmung kommunikativer Signale möglichst objektiv sein sollte, d.h. der Mitteilungsintention entsprechen sollte, ist ebenso ein Merkmal der Interaktion wie das Aussenden von in ihrer Bedeutung möglichst eindeutiger kommunikativer Signale.

Kommunikation bedeutet das Aussenden von bedeutungsvollen Signalen. Sprache ist zwar das Hauptmedium der menschlichen Kommunikation, doch viel ursprünglicher und unverfälschter sind oft die nonverbalen Anteile der Kommunikation. Jede Kommunikation hat nach WATZLAWICK (1980) einen Inhalts- und einen Beziehungsaspekt: Nicht nur das, was ausgesagt wird, hat eine Bedeutung, sondern auch die Art und Weise, wie etwas ausgedrückt wird (bzgl. Mimik, Gestik, Körpersprache, Tonfall). Nonverbale Kommunikation definiert demnach die interpersonale Beziehung von Kommunikationspartnern, begleitet die verbale Kommunikation und ist zugleich Ausdruck der Persönlichkeit des Sprechers. Auf der pragmatischen Grundlage, daß jedes Verhalten, sogar unbeabsichtigtes, auch unabhängig von Sprache Mitteilungscharakter hat und wiederum das Verhalten anderer auch nur auf der Basis deren subjektiver Wahrnehmung beeinflußt, formulierte WATZLAWICK (1980, S.53) das metakommunikative Axiom: „Man kann nicht nicht kommunizieren."

11

Auf der Basis ungewollter Kommunikation kann sehr wohl auch Interaktion ablaufen, dies vor allem, wenn die interpersonelle Wahrnehmung eingeschränkt ist. Beabsichtigt die Person A, eine Botschaft zu vermitteln, und Person B nimmt diese nicht wahr und zeigt folglich keine kommunikative Reaktion, so hat dieses Nicht-Reagieren doch Signalcharakter. Hierauf wird dann, wenn auch verstümmelt, reagiert. Konkret: Der Behinderte möchte etwas mitteilen, die Mitteilung ist aber aufgrund der Behinderung uneindeutig, so daß sie nicht als solche wahrgenommen wird und daher keine Reaktion erfolgt. Der Behinderte interpretiert dieses Ausbleiben der Reaktion als Mißachtung oder Ablehnung und vermeidet künftig Kommunikationsversuche. Oder: An einen Behinderten wird eine Frage gestellt, die dieser beantwortet. Aufgrund der Behinderung ist die Antwort so uneindeutig, daß sie nicht als solche wahrgenommen wird. Die Fehlinterpretation des kommunikativen Signals in diesem interaktiven Prozeß hat die Wahrnehmung „Er versteht nicht" zur Folge. Ist kein Vorschußvertrauen vorhanden, wird diese Fehlinterpretation kommuniziert, was beim Behinderten Ärger provoziert, zumindest eine Enttäuschung bedeutet. Der Behinderte kommuniziert natürlich diesen Ärger wieder und somit schließt sich der Interaktionsablauf.

Neben dem körpersprachlichen Ausdruck, der ausführlich von ARGYLE (1992) beschrieben wird, und der Lautsprache gibt es noch eine Reihe anderer nonverbaler Kommunikationsmedien, die den Transport unserer Mitteilungen übernehmen (vgl. FRÖHLICH 1989 b, S.20 ff.):

– *Visuelle Kommunikation:* Bilder, Graphiken, Symbole, Schrift, Mimik, Gestik, Gestalt, Haltung, Körperbewegung;

– *Taktile Kommunikation:* unmittelbarer Körperkontakt (vermittelt dem Baby Sicherheit), Berührungsrituale (Händeschütteln, Umarmung);

– *Vibratorische Kommunikation:* nichtbewußt gehörte Schwingung (beeinflußt die menschliche Wachsamkeit und Grundstimmung);

– *Geruchliche und geschmackliche Kommunikation:* sehr starke emotionale Einfärbung über geruchliche Wahrnehmung (In der frühesten Kindheit fallen Nahrungsaufnahme und Kommunikation unmittelbar zusammen.);

– *Thermische Kommunikation:* z.B. Hitze oder Schweiß als Kennzeichnung von Emotionalität;

– *Somatische Kommunikation:* Austausch von Zärtlichkeiten (intensiver und wohltuender als sprachlich-stimmliche Kommunikation).

All diese Kommunikationsbereiche spielen in der Förderung nichtsprechender schwerstbehinderter Kinder eine große Rolle, da wegen der Schwere der motorischen Beeinträchtigung ein Aufbau der Lautsprache in den meisten Fällen unmöglich ist. Diese Tatsache hat zur Folge, daß häufig die „Sprachlosigkeit" dieser Menschen, sowohl auf verbaler als auch auf mimisch-gestischer Ebene, in der subjektiven Wahrnehmung der Mitwelt die Assoziation „geistigbehindert" auslöst. Hierbei wird nicht berücksichtigt, daß kommunikative Signale durch die cerebrale Bewegungsbeeinträchtigung bis zur Unkenntlichkeit verzerrt werden und zur Kommunikationsstörung dieser Menschen eine Wahrnehmungsstörung bei der Mitwelt hinzukommt.

Die Voraussetzung der Interaktion, also der wechselseitigen bedeutungsvollen Signalaussendung zwischen mindestens zwei Partnern, ist, daß sie über einen gemeinsamen Zeichenvorrat verfügen. Das heißt, daß die ausgesendeten Signale für Sender und Empfänger die gleiche Bedeutung haben. Ist dies nicht der Fall, so ist eine Irritation der Gesprächspartner und ein gegenseitiges Nichtverstehen die Folge. Die Kommunikation ist für beide Seiten unbefriedigend. Diese Situation ist für die Interaktion mit nichtsprechenden Körperbehinderten typisch.

☐ Störungen der Kommunikation bei schwerstbehinderten Schülerinnen und Schülern

Eine schwere cerebrale Bewegungsstörung kann eine mehr oder weniger starke Artikulationsstörung bis hin zur Anarthrie zur Folge haben.

Die Bewegungsstörung beeinträchtigt auch die vorsprachliche Entwicklung in außerordentlich starkem Maße. Während das nichtbehinderte Kind seine Finger und alles, was es greifen kann, in den Mund steckt und dadurch seine ersten taktil-kinästhetischen Empfindungen an den Sprechorganen macht, die für die Sprechbewegung eine Grundvoraussetzung bilden, so fehlen dem cerebral bewegungsgestörten Kind aufgrund einschießender Spasmen und Reflexanomalien all diese Erfahrungen.

Aber nicht nur die Artikulationsentwicklung ist durch die cerebrale Bewegungsstörung beeinträchtigt, sondern auch alle nonverbalen Kommunikationskanäle der Körpersprache, wie Mimik, Gestik und Körperbewegungen, sind diesen Menschen oft fast vollständig versperrt. Ungezielte Bewegungen und das Grimassieren des Gesichts lassen meist keine eindeutige Auslegung der gewollten Äußerung zu. FRÖHLICH (1991, S.174) bezeichnet dies als „mehrdimensionale Sprachlosigkeit".

Gerade diese Art der Kommunikationslosigkeit, bzw. das Nichtverstehen der ausgesendeten Signale aufgrund des ungleichen Zeichenvorrates von Sender und Empfänger, irritiert die meisten Gesprächspartner in hohem Maße. Diese Verunsicherung spüren diese Menschen, neben der Erfahrung der Unzulänglichkeit ihres Ausdrucks und Mitteilungspotentials, besonders stark. Sie müssen mehr und mehr die Erfahrung des Gefangenseins in den Mauern ihres Körpers machen.

Schon die grundlegende Kommunikation zwischen Mutter und Säugling ist durch die Bewegungsbehinderung beeinträchtigt. Nicht nur die Schockreaktion der Eltern durch die Geburt eines behinderten Kindes und die damit verbundene Unsicherheit und Ambivalenz des Verhaltens lassen eine unbefangene Interaktion kaum aufkommen. Auch das begrenzte, unverständliche und manchmal abstoßend wirkende Ausdrucksrepertoire des behinderten Kindes trägt nicht dazu bei, das mütterliche Verhalten positiv anzuregen. Eine Interaktion (z.B. Lächeln oder Plappern des Kindes – Verstärkung durch die zurückplappernde Mutter – Verstärkung der Mutter durch das vermehrte Lachen und Plappern der Kindes etc.) kommt nicht zustande. Dies führt zu emotional deprivierenden Umweltbedingungen und veränderten sozialen Interaktionsmustern (vgl. SEVENIG 1991).

Lange Krankenhausaufenthalte im ersten Lebensjahr tun ihr übriges dazu, daß zwischenmenschliche Interaktionsbezüge wenig erfahrbar werden und anstatt eines Urvertrauens eher Grundlagen für lebenslange Unsicherheit geschaffen werden.

Negative Interaktionserfahrungen macht das Kind jedoch auch im Kontakt mit der außerfamiliären Gesellschaft, welche Interaktion meist nur unter starken Unsicherheitsgefühlen wagt und häufig stigmatisierende Reaktionen zeigt (vgl. JANSEN, KUNERT, SEVENIG 1983 und SEVENIG 1991). Über den Prozeß der Stigmatisierung werden dem cerebral geschädigten Menschen neben seiner körperlichen Abweichung von der Norm noch weitere negative Eigenschaften zugeschrieben. Dies bedingt im Endeffekt eine Fremdbestimmtheit seiner Identität.

Die Interaktion zwischen An- oder Dysarthrikern und normal sprechenden Menschen ist demnach geprägt von Vorurteilen und Konflikten. Der Dysarthriker wird oft falsch oder gar nicht verstanden und seine Bemühungen, deutlicher zu sprechen, erreichen oft das Gegenteil, da die Anstrengung die Muskelspannung noch vergrößert. Der Kommunikationspartner bemüht sich zuerst noch zuzuhören und zu verstehen und wendet sich dann oft mit dem Vorurteil ab, daß bei einer solch starken Sprechstörung eine Kommunikation nicht möglich ist und das Gegenüber auch wohl von seinen intellektuellen Möglichkeiten her nicht in der Lage dazu ist. Es ist jedoch nachgewiesen, daß bei cerebral bewegungsgestörten Kindern „kein statistisch signifikanter Zusammenhang zwischen der Sprechstörung und dem Intelligenzniveau" (HAUPT 1982 a, S.228) besteht.

Dabei sind gerade diese Kinder auf das Wohlwollen und das Einfühlungsvermögen der Kommunikationspartner angewiesen. Da sie durch ihre Bewegungseinschränkungen und eventuell vorliegende Wahrnehmungsstörungen nicht selbständig Erfahrungen machen und auch nicht nach Zusammenhängen fragen können (Begriffs-mangel), müssen sie darauf vertrauen, daß der Gesprächspartner ihnen die Welt erklärt.

□ Möglichkeiten der Kommunikationsförderung

Die Lernvoraussetzungen, die bei nichtbehinderten Kindern gegeben sind, sind für schwerstbehinderte Kinder, aufgrund der Vielzahl von hirnorganisch bedingten Bewegungs- und Wahrnehmungsstörungen, gerade auch im Bereich der entwicklungskommunikativen Kompetenzen nicht ohne weiteres verfügbar. Sie sind darauf angewiesen, durch eine intensive und einfühlende Förderung die gleichen Chancen zu erhalten. Daß damit die Lautsprache nur ansatzweise gemeint sein kann, liegt auf der Hand. Es müssen auch Alternativen und Ergänzungen gefunden werden, die am ehesten wohl in Symbolsystemen oder in Schalteradaptationen zur Nutzung computerunterstützter Schriftsprache, neuerdings auch Lautsprache, liegen werden. Darüberhinaus müssen Entwicklungsbereiche, die für den Aufbau kommunikativen Verhaltens gleich welcher Art wichtig sind, in die Förderung einbezogen werden. Insbesondere sind hier die kognitiven, emotionalen und motorischen Bereiche zu nennen (vgl. SEVENIG 1991), deren Voraussetzung wiederum das Ausmaß der Wahrnehmungsfähigkeit des Kindes ist. FRÖHLICH stellt den skizzierten Zusammenhang in einer Grafik dar:

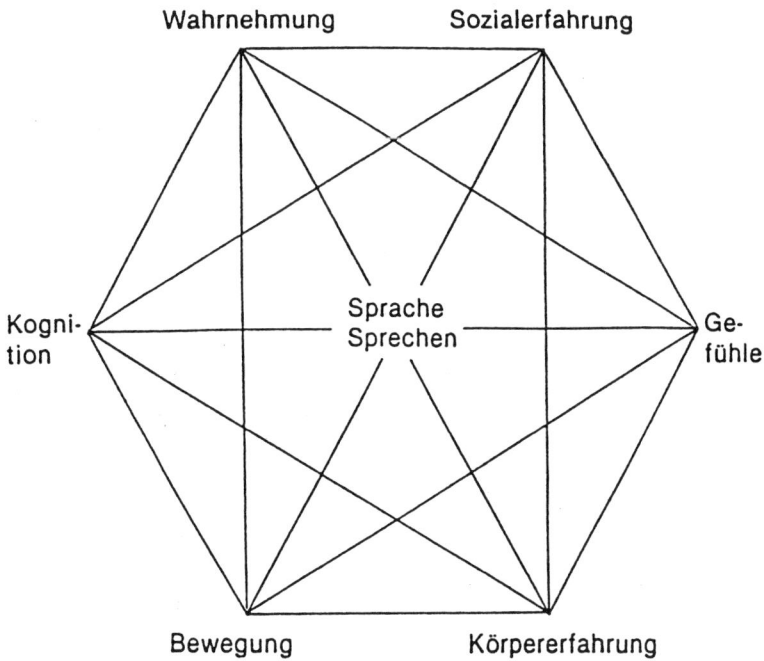

Ganzheitliches Entwicklungsmodell (aus FRÖHLICH 1989 a, S.15)

FRÖHLICH (1989 a, S.14) erklärt dazu: „In diesen Hauptentwicklungsbereichen macht das Kind seine Erfahrungen. Diese Erfahrungen werden aktiv in der Begegnung mit dem eigenen Körper, mit der materialen und sozialen Umwelt gemacht. In einer erlebten Situation besteht für das Kind auf frühem Entwicklungsniveau stets eine Gleichzeitigkeit, eine Gleichwirklichkeit und Gleichgewichtigkeit der gemachten Erfahrung und der dadurch bewirkten Entwicklung." Für eine ganzheitliche Entwicklungsförderung bedeutet dies, daß sie alle Entwicklungsbereiche des Kindes berücksichtigen muß.

Angelehnt an diese verschiedenen Bereiche, werden hier die verschiedenen Ansätze und Grundlagen der Kommunikationsförderung dargestellt, die jedoch alle das von FRÖHLICH (1983, S.213) beschriebene Ziel haben: „Das schwerstbehinderte Kind soll durch gezielte Fördermaßnahmen dazu gebracht werden, daß es mit seiner Umwelt in Kontakt treten kann, daß es sich als Person erfährt und daß es Wechselwirkungen zwischen Ich und Umwelt in Gang setzen kann."

☐ Kognition

Die Kognition ist in einer engen wechselseitigen Beziehung an die Sprache und die bewußte Wahrnehmung gebunden. Welche Bereiche noch mit ihr in Verbindung stehen, stellt die Definition des psychologischen Wörterbuchs von MICHEL und NOVAK (1987) heraus: „kognitiv: Mit dem Bestimmungswort ‚kognitiv' werden in der Psychologie alle jene Vorgänge bezeichnet, durch die das Individuum bewußte Kenntnisse von seiner Umwelt oder sich selbst erhält. Zu den kognitiven Vorgängen, Fähigkeiten oder Funktionen werden die bewußte Wahrnehmung, das Erkennen, Vorstellen, Urteilen, Denken und auch Gedächtnis, Lernen und Sprache gezählt." Aus dieser Erklärung kann man schließen, daß Förderung im kommunikativen Bereich der Kognition und Förderung der Kognition auch der Kommunikation zugute kommen.

Auch die kognitive Entwicklung vollzieht sich in aufeinanderfolgenden Stufen. Mit PIAGET und INHELDER (1991) kann man die kognitive Entwicklung als einen Prozeß der aktiven Anpassung an die Umwelt durch Assimilation und Akkomodation verstehen. Dabei werden vier Stufen, die in einer direkten Folge zu sehen sind, unterschieden:

1. Sensomotorische Stufe (Geburt – 2. Lj.);

2. Präoperationale Stufe (2. – 7. Lj.);

3. Stufe der konkreten Operationen (7. – 11. Lj.);

4. Stufe der formalen Operationen (11. Lj. und älter).

Auf der zweiten Stufe werden die kommunikativen Fähigkeiten aufgebaut. Die Grundlage bildet dazu also die sensomotorische Entwicklungsstufe.

PIAGET/INHELDER (1991) meinen, daß es eine Intelligenz vor der Sprache gibt. Sie nennen diese die „sensomotorische Intelligenz". Diese Intelligenz beruht auf der Übung angeborener Reflexmechanismen, aus denen sich motorische Verhaltensweisen („Gewohnheiten") entwickeln. Aus diesen motorischen Verhaltensweisen formt sich schließlich eine Art praktische Intelligenz, die die Bewegungen zu einem bestimmten Zweck einsetzt, diese also zum Mittel macht (z.B. Schlagen an eine Rassel, um ein Geräusch hervorzurufen).

Die Kommunikationsförderung muß demnach dem schwerstbehinderten Kind die Möglichkeit geben, durch Bewegung eine Wenn-Dann-Erfahrung zu machen, um aus dieser Beziehung Schlußfolgerungen für weitere Tätigkeiten ziehen zu können. Auch die Lösung kleiner Aufgaben in Verbindung mit der Wahrnehmungsförderung bewirkt eine Erweiterung der kognitiven Fähigkeiten.

☐ Wahrnehmung

Viele der schwerst cerebral bewegungsgestörten Kinder haben Wahrnehmungsstörungen, die sich sowohl direkt aus der cerebralen Schädigung als auch aus der veränderten sensomotorischen Entwicklung ergeben können. Wie wichtig jedoch die ungestörte Entwicklung der einzelnen Sinne für die Gesamtentwicklung und Herausbildung aller höheren Fähigkeiten ist, verdeutlicht eine Übersicht von AYRES:

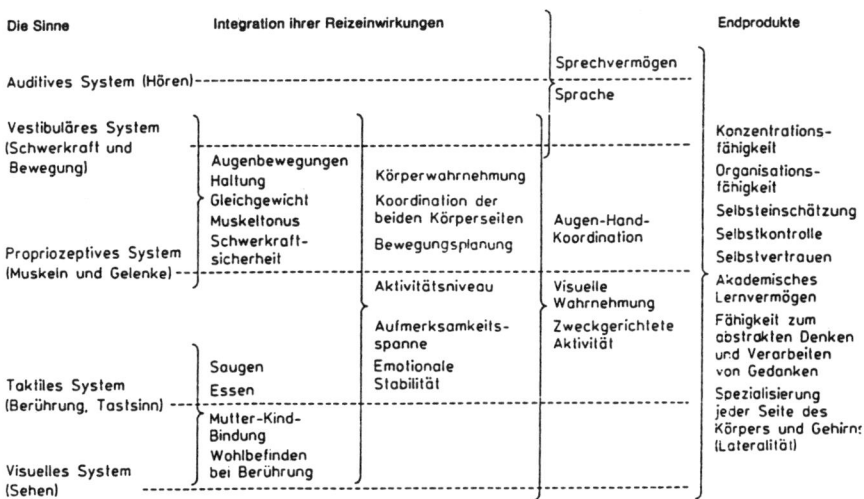

Die Sinne, Integration ihrer Reizeinwirkungen und ihre Endprodukte
(aus AYRES 1984, S.84)

Die Abbildung zeigt, daß sich aus den Sinnen durch sensorische Verarbeitungsprozesse jeweils andere Wahrnehmungsmöglichkeiten ergeben, die schließlich zu Endprodukten führen, die für eine selbständige eigenaktive Kommunikation und Entscheidungsfreiheit notwendig sind.

Die Entwicklung der höheren Fähigkeiten ist auch organisch durch die Herausbildung und Vervielfältigung von Nervenfasern und neuronalen Verbindungen zu erklären, die durch die Wahrnehmungsanregung von dem Zentralnervensystem in Gang gesetzt wird.

Um dem Kind zu ermöglichen, auf die höchste Ebene der sensorischen Integration, der Spezialisierung der Hirnfunktionen, zu gelangen, müssen ihm ausreichende Wahrnehmungsangebote gemacht werden, die seinem Entwicklungsstand entsprechen.

AYRES (1984, S.93 f.) beschreibt dies ausführlicher: „Die Spezialisierung stellt ein Endprodukt aller voraufgegangenen Entwicklungsschritte dar. Es ist niemals gut, wenn man ein Kind in eine solche Endproduktsituation hineinzudrängen versucht. Man sollte ihm vielmehr helfen, innerhalb der einzelnen Entwicklungsschritte zu reifen. Dann hat es die Chance, das Optimum einer entsprechenden Fähigkeit zu erreichen. Die Spezialisierung entwickelt sich auf ganz natürliche Weise, sobald das Kind die einzelnen Schritte seiner sensumotorischen Entwicklung jeweils vollständig erfüllt hat."

☐ Sozialerfahrung und Gefühle

Es wurde bereits dargestellt, daß schwerstbehinderte Kinder kaum eine unbelastete Zuwendung und Kommunikation von anderen Menschen erleben. Diese Situation führt zu einer Verunsicherung auf beiden Seiten. Die Kinder reagieren Fremden gegenüber häufig mit Zurückhaltung bis hin zur Kommunikationsverweigerung. Diese Haltung seitens des Kindes kann auch aus negativen Erfahrungen durch lange Krankenhausaufenthalte und „Über-Therapie" resultieren.

Um einen Fördererfolg erzielen zu können, ist es jedoch unbedingt notwendig, daß das Kind ohne Angst ist und sich Kommunikations-angeboten vertrauensvoll öffnen kann. Aus diesem Grund ist es wichtig, die Fördermaßnahmen auf einem emotional positiven Beziehungshintergrund ablaufen zu lassen. Dazu gehört die Befriedigung der existentiellen Bedürfnisse des Kindes, wie Essen, Trinken, Pflege, liebevolle Zuwendung und Annahme, Körperkontakt und Sicherheit. „Viel Einfühlungsvermögen und Empathie unter Bezug auf eigenes Empfinden, eigene Bedürfnisse und Erwartungen an andere in einer ähnlichen Situation könnten näherungsweise Ankerpunkte für den Umgang mit Kindern sein" (SEVENIG 1991, S.61).

Das Kind muß spüren, daß man es als Mensch und Persönlichkeit schätzt und ernst nimmt und auch seine lautsprachlichen oder nonverbalen Äußerungen bedeutsam sind (vgl. HAUPT 1982). Das nichtsprechende Kind entwickelt innere Sprache und passiven Wortschatz nur dann, wenn seine Bezugspersonen so einfühlsam sind, daß sie mit dem Kind kommunizieren und minimalste Reaktionen seinerseits als Antworten erkennen und deuten können. Kommunikation kann hier oft mit dem verbalisierenden Begleiten der täglichen Dinge und Vorgängen, dem einfühlenden Fragen nach dem Einverständnis mit beabsichtigten Handlungen beginnen, also dem Sprachhandeln (vgl. SEVENIG 1991, S.63).

□ Körpererfahrung

Aufgrund der Tatsache, daß cerebral bewegungsgestörte Kinder wegen ihrer einge- schränkten Motorik und Reflexanomalien kaum in der Lage sind, ihren Körper bewußt und gesteuert zu erfühlen und sich seiner Grenzen bewußt zu werden, indem sie sich selbst betasten oder mit Armen und Beinen irgendwo gegenstoßen, können sie meist kein eigenes Körperbewußtsein entwickeln. Der Aufbau eines Körperschemas ist jedoch nicht nur für die bessere Bewegungsplanung notwendig, sondern auch, um sich als Person zu erfahren, die Wechselwirkungen zwischen sich und der Umwelt in Gang setzen kann, „denn nur ein ‚ich' kann mit einem ‚anderen' kommunizieren" (FRÖHLICH 1983, S.214). Hier können Maßnahmen im Bereich der Basalen Stimulation (vgl. FRÖHLICH 1991) in Verbindung mit Sprachhandeln nützlich sein.

□ Bewegung

Wie jede andere motorische Funktion, so sind auch die Bewegungen der Sprechwerkzeuge von der cerebralen Schädigung betroffen. Die bei ca. 65% aller Cerebralparetiker auftretenden Sprechstörungen sind eine direkte Folge der pathologischen Muskelspannung, die auch das Gesicht, den Mundbereich, den Kehlkopf und die Atmung betreffen. Der Ausprägungsgrad dieser Sprechstörungen hängt von der Schwere der motorischen Beeinträchtigung ab und schwankt von Störungen der Aussprache, der Stimmgebung und der Atmung (Dysarthrie) bis hin zum vollständigen Sprechunvermögen (Anarthrie) (vgl. WIRTH 1990, S.546).

Bei dysarthrischen Kindern besteht die Möglichkeit, durch den Aufbau von Bewegungsmustern (vgl. CRICKMAY 1978 und GOLDSCHMIDT 1972), die Artikulation zu verbessern. Bei schwer dysarthrischen bzw. anarthrischen Kindern ist dies jedoch meist nicht möglich. Da sich die vorliegende Arbeit mit schwerstbehinderten und aus diesem Grund meist nichtsprechenden Kindern beschäftigt, wird hier auch nicht näher auf diese Art von Sprachanbahnung eingegangen. Das soll aber nicht heißen, daß diese Therapie bei anarthrischen Kindern vernachlässigt werden darf, sie sollte vielmehr noch parallel angewandt werden, um den Kindern zumindest eine verständliche Äußerung von Ja und Nein zu ermöglichen.

ARENTZSCHILD (1982, S.148) schlägt für die Behandlung von nicht-sprechenden Kindern vor: „Bei Kindern mit bleibender Anarthrie müssen der passive Wortschatz

19

und das Sprachverständnis erweitert werden. Sie können auch lernen, mit gering-
sten motorischen Restleistungen der Zunge, des Kopfes, der Finger- und Zehen-
beuger u.a. elektrische Kontakte an Kommunikationsgeräten auszulösen, um
Schreibmaschinen, Blattwender beim Lesen oder Dinge des täglichen Gebrauchs zu
betätigen."

Wie diese Empfehlung zeigt, sind auch andere Körperbewegungen, außer der
Mundmotorik, zur Kommunikation notwendig. Nicht nur das wichtige Element der
Körpersprache wird von der Bewegungsbeeinträchtigung bestimmt, sondern auch
die Bedienung der verschiedenen technischen Kommunikationshilfen.

Während die Körpersprache durch die schwere cerebrale Bewegungsstörung kaum
positiv zu beeinflussen ist, außer durch zeitweilige ganzkörperliche Entspannung in
einer reflexhemmenden Stellung, so lassen sich dennoch geringe Reste der steuer-
baren Motorik oder sogar die pathologischen Reflexe zur Kommunikation über ein
technisches Hilfsmittel nutzbar machen. Die pathologischen Bewegungsmuster
sind jedoch nur soweit auszunutzen, wie sie ein Erfolgserlebnis erzeugen oder
Umwelterfahrungen ermöglichen (TRAUTWEIN 1979). Gleichzeitig muß man darauf achten, daß auch normale Bewegungsmuster eingeübt werden, die das Kind
dann übernehmen kann.

Wie das ganzheitliche Modell zeigt, sind alle genannten Bereiche für eine optimale
Kommunikationsförderung relevant. Daher soll versucht werden, mit den in den
nächsten Kapiteln vorgestellten Maßnahmen diese Grundlagen zu berücksichtigen
und auf sie Bezug zu nehmen.

☐ Interdisziplinäre Zusammenarbeit

Da die Förderung all dieser Fähigkeiten in unterschiedlichen therapeutischen Bereichen realisiert wird (Pädagogik, Psychologie, Krankengymnastik, Beschäfti-
gungstherapie, Sprachtherapie u.a.), ist eine interdisziplinäre Zusammenarbeit der
unterschiedlichen Therapeuten für die Kommunikationsförderung unabdingbar.

Dem steht jedoch die Schwierigkeit gegenüber, daß dem Kind, im Hinblick auf seine
psychische Stabilisierung, eine dominierende Bezugsperson erhalten bleiben sollte,
die die einzelnen Fördermaßnahmen ganzheitlich in Alltagssituationen durchführt.
FRÖHLICH (1983, S.215) stellt dies besonders heraus: „Nach unseren Beobachtun-
gen sollten diese Kinder von möglichst konstant bleibenden Betreuern langfristig
gefördert werden. Alle zusätzlichen Fachkräfte wie Physio-, Ergo-, Sprachtherapeu-
ten und andere müssen durch diese konstanten Betreuer arbeiten, mit ihnen, nicht
aber additiv am einzelnen Kind."

Diese Betreuungsperson kann die Lehrerin oder der Lehrer sein, die Beschäfti-
gungstherapeutin, ein Elternteil oder eine andere Person, die sich lange Zeit mit
dem Kind beschäftigen kann. Sie muß nur dazu bereit sein, die Grenzen ihrer Kom-

petenz zu erkennen und sich jederzeit mit anderen wichtigen Bezugspersonen bezüglich des Status, der Entwicklungsfortschritte und weiterer zu treffender Maßnahmen auseinandersetzen zu können. Eine der wichtigsten Informationsquellen über die emotionale Lage des Kindes, dessen Wünsche und Fortschritte werden hier immer die Eltern des Kindes sein. Dies schon alleine deshalb, da das Elternhaus einen der bedeutendsten Umweltfaktoren, insbesondere im Bereich der Interaktion, darstellt. Es zeigt sich immer wieder, daß Kommunikationsanbahnungen, die im Elternhaus nicht übernommen werden, häufig vom Kind nicht weiterverfolgt werden.

Entwicklungsstufen des kommunikativen Verhaltens

Die Kommunikationsförderung kann nicht für alle schwerstbehinderten Kinder gleich aussehen, dies ergibt sich zwangsläufig aus der Heterogenität der Personengruppe. Denn ähnlich wie die motorischen Bedingungen bei jedem Kind anders sind, so ist auch die sprachliche Entwicklung unterschiedlich fortgeschritten. Aus diesem Grund müssen die Förderangebote auf den jeweils individuell unterschiedlichen Voraussetzungen aufbauen.

Um Orientierungshilfen zu haben, an denen man die Möglichkeiten medienunterstützter Kommunikationsförderung festmachen kann, soll hier auf ein Modell zur Betrachtung der Gruppe von Menschen mit schwersten cerebralen Bewegungsstörungen Bezug genommen werden, das im wesentlichen Bezug auf das kommunikative Verhalten nimmt.

Dieses Stufenmodell soll keineswegs eine schematische Festlegung der Gesamtpersönlichkeit darstellen oder eine Aussage über Entwicklungsmöglichkeiten treffen. Es soll lediglich als eine zunächst knappe Verständigungsmöglichkeit über die aktuellen kommunikativen Möglichkeiten angeboten werden. Für die Planung einer Förderung ist ein Wissen um das Sprachverständnis und die bereits möglichen kommunikativen Signale eine unverzichtbare Voraussetzung. Ist es die Absicht, den behinderten Menschen da abzuholen, wo er steht, also bei den ihm verbliebenen Möglichkeiten, muß man wissen, wo er steht. Seine Möglichkeiten, aber auch das, was er noch nicht kann, wohin er sich vielleicht entwickeln könnte, müssen gleichermaßen im Bewußtsein der fördernden Personen sein. Man kann keine fundierte Vorstellung darüber haben, wohin sich ein Mensch entwickeln könnte (Prognose), wenn man über seine derzeitigen Möglichkeiten (Diagnose) nichts weiß. Die im folgenden beschriebenen Entwicklungsstufen des kommunikativen Verhaltens sind nicht als statische Zustände zu verstehen. Wir gehen davon aus, daß vielleicht erst nach entsprechender Förderung und Anregung in den meisten Fällen eine Entwicklung möglich ist. Dabei ist es durchaus denkbar, daß Phasen übersprungen werden.

Der Begriff Entwicklungsgruppen wurde gewählt, da neben dem längsschnittlichen Aspekt (in welche Richtung entwickelt sich ein Mensch) auch ein querschnittlicher Aspekt (auf welcher Stufe befindet sich ein Mensch) den Vergleich mit anderen Menschen ermöglicht.

So liefert die querschnittliche Betrachtung Anhaltspunkte für Lehrer und Betreuer, um ihre Schüler einer Gruppe zuordnen zu können und so Anregungen für Fördermaßnahmen und -medien zu bekommen, die für den aktuellen Entwicklungsstand des Kindes geeignet sind. Die Anregungen aus Vergleich mit Menschen der gleichen Entwicklungsgruppe müssen jedoch immer vor dem individuellen Erfahrungshintergrund und den spezifischen Möglichkeiten und Wünschen des Kindes gesehen werden.

☐ Gruppe 1

Die erste Entwicklungsgruppe schließt Kinder ein, die hauptsächlich sensorische Defizite haben. Ihre Aktionen und Reaktionen laufen vorwiegend auf vegetativer Basis ab. Diese Gruppe besitzt noch kein erkennbares Sprachverständnis, und es ist ihr auch nicht möglich, eigene, verstehbare kommunikative Signale auszusenden, sei es verbal oder nonverbal.

☐ Gruppe 2

Auf der zweiten Entwicklungsstufe stehen die Kinder, die bereits erkennbar Sprachverständnis besitzen und erste, oft jedoch noch unklare kommunikative Reaktionen und Signale verbaler oder nonverbaler Art zeigen, die jedoch oft von den Bezugspersonen nicht eindeutig verstanden werden können. Die kommunikative Interaktion wird von beiden Seiten noch als unbefriedigend empfunden und so beschränkt sich das Kind „gezwungenermaßen" auf einfache Ja/Nein-Antworten, die sich meist auf antizipatorische Fragen bezüglich möglicher Bedürfnisse, Wünsche und Gefühle beschränken. Diese Kinder befinden sich auf einer Entwicklungsstufe, in der lediglich Reaktionen auf kommunikative Signale der Mitwelt möglich sind.

☐ Gruppe 3

Die Kinder der dritten Gruppe sind ansatzweise schon in der Lage, eigeninitiierte Signale auszusenden, d.h. auf sich aufmerksam zu machen und nicht nur zu reagieren. Sie beginnen zusätzlich zu Möglichkeiten der Reaktion selbständig zu agieren, Wünsche zu äußern, und sei es nur den Wunsch nach der Nähe einer Bezugsperson.

☐ Gruppe 4

In dieser Gruppe befinden sich Kinder, die sprachersetzende Kommunikationssysteme benutzen oder benutzen könnten, um ihre „Lautsprachlosigkeit" durch komplexe Formen der Kommunikation, sowohl als Reaktion als auch als Aktion, zu kompensieren. Eines der größten Probleme stellt hier die Bereitstellung von Sensoren dar, die eine Kompensation der Bewegungsstörung und die Bedienung technischer Kommunikationsmittel ermöglichen würde.

Da die technische Entwicklung im Computerbereich sich in den letzten Jahren sehr schnell vollzieht, haben wir uns in dieser Dokumentation auf exemplarische Möglichkeiten beschränkt. Es ist zu betonen, daß Fördermaterialien über Nacht veralten. Eine neue vielversprechende Entwicklung ist z.B. die virtuelle Tastatur, die über Videotechnik Befehle an den Computer weitergibt (BILD DER WISSENSCHAFT 1990).

Die Förderung der verschiedenen Entwicklungsgruppen zielt darauf, die schon bestehenden Kommunikationsmöglichkeiten zu festigen und zu erweitern, um den Kindern die Möglichkeit zu geben, die nächsthöhere Stufe zu erreichen.

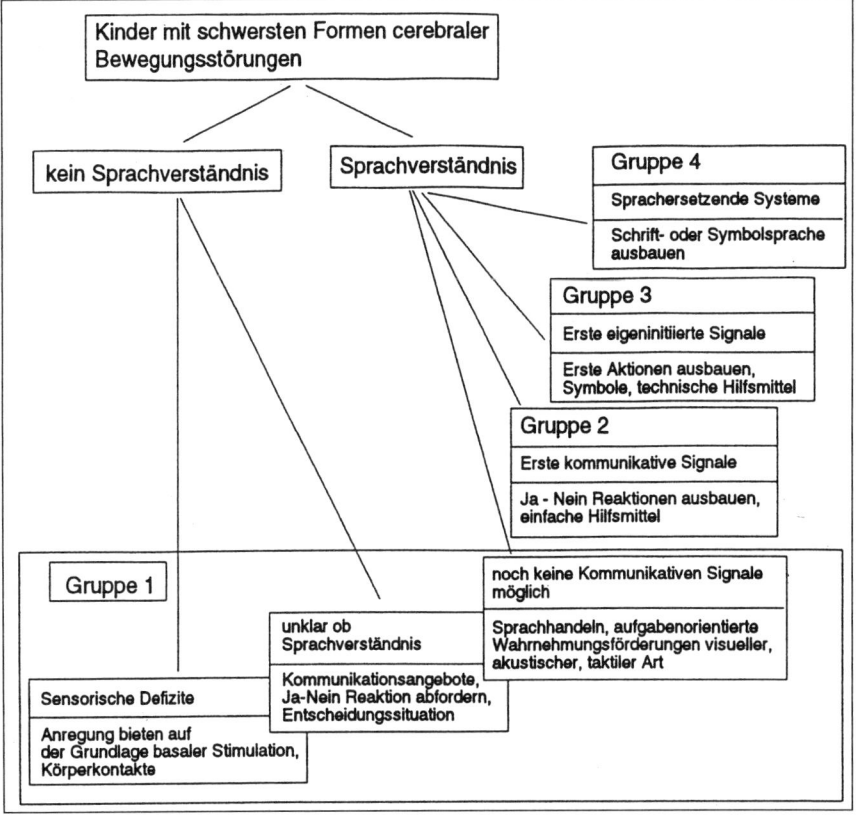

Entwicklungsstufen und kommunikationsfördernde Einwirkungsformen
(Abb. modifiziert nach SEVENIG 1991, S.64)

Die einzelnen Fördermaßnahmen werden durch verschiedene Materialien unterstützt. Da diese Medien Anspruch haben, die Kommunikationsentwicklung von Menschen, die nur noch über Reste einer Willkürmotorik verfügen, zu unterstützen und die Benutzer zu einer selbständigen Kommunikation hinzuführen, müssen sie gewissen Anforderungen genügen und einige Grundbedingungen erfüllen.

Anforderungen an Fördermaterial zur Kommunikationsförderung

Eine Reihe von Materialien, die zur Förderung im Schwerstbehindertenbereich geeignet sind, wurden schon von mehreren Autoren aufgelistet (HEIDINGSFELDER 1979; RAHMEN & FRÖHLICH 1985; THOMAS 1989; FRÖHLICH 1991; SEVENIG 1991).

FRÖHLICH (1991) und RAHMEN & FRÖHLICH (1985) beschreiben einige grundlegende Kriterien, an denen man sich bei der Auswahl oder Herstellung von Fördermaterial orientieren sollte:

– *„Haptische Prägnanz* (Form und Oberfläche lassen sich eindeutig fühlen und gut von anderen unterscheiden);

– *Visuelle Eindeutigkeit* (Form, Farbe stimmen überein, lassen sich gut vom Hintergrund absetzen);

– *Minimaler Krafteinsatz* (bewegliche Teile oder Bewegung des Objektes muß leicht gängig sein);

– *Optimaler Effekt* (alle Effekte müssen deutlich und markant sein);

– *Ermöglichung einer Wenn-dann-Erfahrung* sowohl taktil, auditiv wie auch visuell (jede Aktivität muß am Objekt bzw. durch das Objekt ein Resultat erfahren);

– *Robustheit* (Zerbrechen, Abreißen von Einzelheiten, Ablösen von Farbe o.ä. darf möglichst nicht vorkommen);

– *Berücksichtigung des Hygieneaspektes* (z.B. Erkunden mit dem Mund)" (FRÖHLICH 1991, S.208).

Viele handelsübliche Materialien erfüllen diese Kriterien leider nicht. Grundsätzlich gilt: „Die Materialien sollen Hilfen sein, dem Kind nach seinem individuellen Entwicklungsstand Möglichkeiten zu bieten, über konkretes Handeln Probleme zu lösen und somit Lernzuwachs zu erreichen." (HEIDINGSFELDER 1979, S.145)

Bewegungserleichterung

Die Grundlage für eine optimale Förderung und auch Entwicklung bildet die richtige Lagerung des schwerst cerebral bewegungsgestörten Kindes. Sie steht deshalb am Anfang jeder Fördermaßnahme und muß während der Förderung ständig kontrolliert werden. Eine gute Sitz- bzw. Liegeposition erleichtert dem Kind die Kopfkontrolle, die Arm- und Handbewegung und dadurch die Aufmerksamkeit. Denn erst, wenn die Muskelspannung einigermaßen harmonisch ist, sind Wahrnehmungs- und Handlungsaktivitäten möglich, da das Kind sich in dieser Position gezielter und den eigenen Absichten entsprechend bewegen kann.

☐ Grundsätze der Behandlung nach BOBATH

Grundlegend für die Bewegungserleichterung bei cerebralparetischen Schulkindern ist die Neurophysiologische Entwicklungsbehandlung nach Berta und Karel BOBATH (1971). Diese Behandlungsmethode orientiert sich an der Entwicklung der Bewegungsmuster nichtbehinderter Kinder. Bei einem cerebral bewegungsgestörten Kind setzt sie immer dort an, wo die normale Entwicklung blockiert ist.

BOBATHs (1971) gehen von den Grundprinzipien aus, daß das Lernen von Bewegungen immer auf der Basis des schon gespeicherten Bewegungsempfindens geschieht. Bei Kindern mit cerebralen Bewegungsstörungen entspricht dies ihren pathologischen Bewegungsabläufen. Um diese „falschen" Muster zu unterbinden, müssen neue Bewegungsformen erlernt werden. Man kann demnach drei aufeinanderfolgende Behandlungsschritte festhalten:

1. *Normalisierung des Muskeltonus* durch Inhibition (Hemmung) der pathologischen Reflextätigkeit;

2. *Facilitieren* (Anbahnen) und Festigen der normalen automatischen Reaktionen;

3. *Willkürliche Steuerung* von normalen Bewegungen durch den Patienten selbst (vgl. CRICKMAY 1978, S.28).

Um eine Normalisierung des Muskeltonus und eine Hemmung der abnormen Reflexe (1. Stufe) zu erreichen, haben die BOBATHs eine Behandlungsmethode gefunden, die die pathologische Reflextätigkeit durchbricht. Die typischen Haltungen des Kindes werden genau beobachtet und analysiert, um es dann in genau entgegengesetzte Stellungen zu bringen: „Beugung wird in Streckung umgeändert, Pronation in Supination, Adduktion in Abduktion und umgekehrt" (CRICKMAY 1978, S.20). Ist das Kind in eine solche „reflexhemmende Stellung" gebracht worden, wird es nur noch an bestimmten Schlüsselpunkten gehalten, etwa Schultergürtel, Hüften und Wirbelsäule. Dieses Halten kann auch durch Polsterungen (Schaumgummikeile, Sandsäckchen o.ä.) geschehen.

FINNIE (1980, S.82) beschreibt die unterschiedlichen Maßnahmen, die je nach Art der Cerebralparese vorrangig sind: „Während das spastische Kind steif ist und gehemmt werden muß, wenn es sich bewegt, braucht das athetotische Kind, das sich zuviel bewegt, Druck und Stabilität. In manchen Fällen muß es gehemmt werden, damit es in die Lage versetzt wird, die Qualität seiner Bewegungen zu organisieren, einzuteilen und zu verbessern. Das schlaffe Kind braucht Druck und Stabilität zusätzlich zu anderen Behandlungstechniken, die den Muskeltonus als Basis aktiver Bewegungen verstärken helfen."

Erst wenn das Kind durch eine gute Lagerung nicht mehr selbst die Kontrolle für die Haltung des Körpers übernehmen muß, kann die Muskelspannung nachlassen und die Konzentration sich auf andere Dinge, z.B. auf die Gegenstände der Förderung, richten. In dieser Phase kann die Bahnung von Bewegung (2. Stufe) beginnen.

☐ Formen der Lagerung

Bei sehr hoher Muskelspannung besteht die Gefahr, daß die Kinder in der reflexhemmenden Position oder bei zu weicher Lagerung in ein „propriozeptives Vakuum" fallen, daß also ihre Körperempfindung nicht mehr in dem gekannten Maße vorhanden ist und die Kinder dadurch irritiert und verängstigt reagieren. Um dieses propriozeptive Vakuum zu verhindern, hat es sich bewährt, einen deutlichen Druck auf den gesamten Körper des Kindes auszuüben, z.B. durch den Körper des Betreuers, durch Sandsäckchen oder eine Decke, die fest um das Kind geschlungen wird. BIENSTEIN und FRÖHLICH (1991) schlagen sogar vor, den Betroffenen zeitweise auf eine etwas härtere Unterlage zu legen, um ihm eine Vermittlung von Körperinformation zu gewährleisten.

FRÖHLICH (1991, S.78 f.) beschreibt einige Grundsätze der korrekten Lagerung:

Stabilität: Die Unterlage darf nicht wackeln und muß ein Gefühl der Sicherheit geben (vgl. auch AFFOLTER 1991, S.20).

Stimulation der größtmöglichen Körperaktivität: Der zu Lagernde soll seine Fähigkeiten einbringen können, es sollte jedoch nicht zu viel „Haltung" von ihm verlangt werden.

Aktivitätsmöglichkeiten müssen entstehen: Aktives Wahrnehmen, Kommunizieren, Spielen, Erkunden u.ä. muß möglich sein.

Größter Komfort: Die Anstrengung bei der Haltung sollte möglichst gering sein, da sonst keine Möglichkeit zu gezielter Aktivität vorhanden ist.

Reduzierung der pathologischen Bewegungsmuster.

Schmerzfreiheit: Bei Schmerzzuständen durch falsche Lagerung (Fixierung zu fest, Druckstelle o.ä.) erhöht sich die Muskelspannung und das Kind kann sich nicht mehr auf die Aktivitäten konzentrieren, da der Schmerz alles andere überlagert.

Symmetrie: Um ein sinnvolles Körperschema entstehen zu lassen und nutzen zu können, sollte die Körpermittelachse betont erlebt werden und die rechte und linke Körperhälfte gleichzeitig oder abwechselnd aktiviert werden (vgl. auch FINNIE 1980, S. 22).

Ruhemöglichkeit: Falls die aktive Haltung nachläßt, sollte die Lagerung auch die Möglichkeit bieten, sich auszuruhen.

☐ Seitenlage

Die Seitlagerung ist die „klassische Form" der Lagerung von cerebralparetischen Menschen. Sie erlaubt die Kopfkontrolle und schafft die Voraussetzungen für die Bewegungen der Arme nach vorn und eröffnet vor allem mehr Möglichkeiten im „Aktivitäts-dreieck" von Augen, Mund und Hand. Sie bietet zudem die größtmögliche Freiheit von pathologischen Bewegungsmustern, besonders den frühkindlichen Reflexen (ATNR, STNR, TLR).

Als Grundposition beschreibt FRÖHLICH (1991, S. 90): „Eine möglichst leicht gebeugte bis gerade Linie von Kopf, Nacken und Schulterpartie, eine ausgeprägte Beugung über 90° im Becken, 90° in den Knien und eine ebenfalls rechtwinklige Position der Füße zu den Unterschenkeln." Man kann das Kind jedoch auch mit einem gestreckten und einem angewinkelten Bein (90°) lagern, wobei das angewinkelte Bein oben liegt und mit einem Sandsäckchen oder Kissen unterstützt wird.

Für spielerische Aktivitäten und gemeinsame Fördersituationen ist die Lagerung so vorzunehmen, daß die aktivere Seite nach oben weist. Die dadurch entstehende größere Bewegungsfähigkeit erlaubt es dem Kind vielfach, selbst tätig zu sein und z.B. mit einem Mobile oder anderem Material umzugehen. Als geeignete Stützmaterialien zur Seitlagerung bieten sich Lagerungsschlangen an. Sie sind vielseitig einsetzbar, da sie mit einer festen Füllung besonders flexibel und stabil sind und sich individuell dem Körper des Kindes anpassen.

FRÖHLICH (1991, S.90) erklärt die Lagerung mit diesem Hilfsmittel: „Die Schlange unterstützt den Kopf, hält ihn in einer Mittelposition, sie gibt über den Rücken hin Halt, spreizt die Beine ausreichend und muß vorne verknotet werden, was entweder mit einem dünneren ‚Schwanz' oder mit angenähten Bändern geschehen kann. Wenn sie fest genug zusammengefügt ist, entsteht durch den Zug auf Schultern und Po eine ausreichende Fixierung in der Beugehaltung."

Die Schlange kann auch aus mehreren, mit unterschiedlichen Materialien gefüllten Teilstücken bestehen, wie die Lagerschlange der Firma Holzmann's, die zusätzlich zu ihrer Stützfunktion noch einen haptischen Effekt hat. Zudem sind die Segmente unterschiedlich schwer und nach Belieben auswechselbar.

Abb. 1 *Lagerungsschlange (Katalogfoto der Firma Holzmann's)*

Abb. 2 *Lagerungs-Tast-Schlange (Körperbehindertenschule Rösrath)*

Solche Schlangen können auch aus Wolldecken gerollt werden.

Wichtig ist jedoch bei allen Lagerungsschlangen, daß durch einen anschmiegsamen (möglichst waschbaren) Stoffbezug ein Gefühl von Geborgenheit und Sicherheit entsteht, um eine gute Ausgangsbasis für Aktivitäten zu schaffen.

Eine weitere Lagerungshilfe bietet ein variabler Lagerungs- und Funktionskeil (z.B. PhysioForm), der jedoch auch für jede weitere Lagerungsposition geeignet ist.

☐ Bauchlage

Die Bauchlage bietet dem Kind durch Streckung der Hüften die Möglichkeit, den Kopf anzuheben. Bei der Lagerung auf dem Bauch ist eine Unterstützung der Brust bei gleichzeitiger Fixierung des Beckens notwendig. Dies geschieht unter Verwendung einer Rolle oder eines Keils, die unter den Brustkorb des Kindes gelegt werden, während die Arme und der Kopf ohne Unterstützung nach vorne liegen. Zur Verwendung kommen auch hier wieder die speziellen Lagerungskeile, auf denen sich der gesamte Körper des Kindes in einer Schräglage befindet.

Nachteile der Bauchlage auf dem Keil können darin bestehen, daß „diese Position häufig eine generalisierte Überstreckung provoziert, oder aber der Kopf ... fast haltlos vornüber (hängt) und die Atmung ... durch diese abgeknickte Haltung erschwert

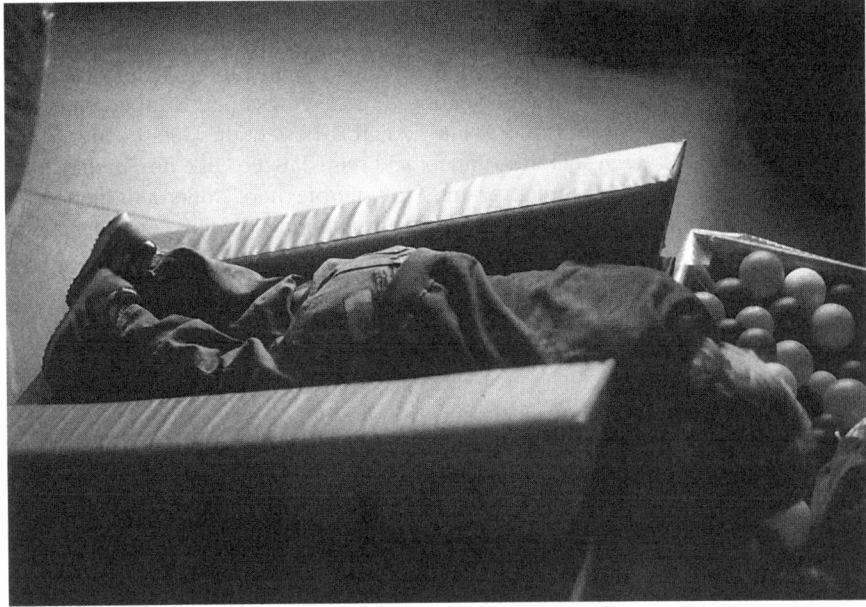

Abb. 3 *Lagerungskeil (Firma Holzmann's)*

(wird)" (FRÖHLICH 1991, S. 85). Aus diesem Grund darf auch die Spielfläche nicht zu niedrig sein, da sie die Beugespastizität verstärken könnte.

☐ Rückenlage

In der kommunikativen Förderung oder auch bei sensorischen Anregungen wird häufig eine Vis-à-vis-Position eingenommen. Das Kind muß dazu auf dem Rücken liegen oder sitzen. Hilfe für die Rückenlage bietet hier wieder ein Keil, auf dem das Kind stabil in Position gehalten wird, auch wenn es noch keine Kopfkontrolle besitzt. Die leichte Aufrichtung, die durch den Keil bewirkt wird, bringt eine größere visuelle und auditive Aufmerksamkeit mit sich.

☐ Stabiler Sitz

Das Sitzen bildet die Voraussetzung für eine freie manuelle Tätigkeit, die in den meisten Fördersituationen und bei der Handhabung der meisten technischen Hilfsmittel von größter Wichtigkeit ist.

Schwerstbehinderte Schüler sitzen meist in ihrem Rollstuhl. Um dem Kind eine optimale Lagerung zu bieten, sollte er einigen Grundsätzen entsprechen:

Es müßte eine individuelle Sitzschalenausformung vorliegen sowie stabile und angenehm zu tragende Halterungssysteme, z.B. Sitzhosen mit der Hauptzugrichtung nach hinten. Auch die Fixierung des Oberkörpers sollte durch „Flügel" mit Ansatzpunkten am Brust- oder Schlüsselbein gewährleistet sein. Das Gesäß muß so weit wie möglich nach hinten kommen, denn nur so ist die für die Reduzierung der pathologischen Spannungs- und Bewegungsmuster so wichtige Hüftbeugung von mindestens 90° zu erreichen. Ist der Winkel zu groß, besteht die Gefahr einer Überstreckung. Die Fußstützen sollten so angebracht sein, daß die Füße im Gelenk einen 90°-Winkel zeigen, um den Streckspasmus zu unterbrechen. Außerdem dienen sie durch ihren Widerstand der eigenen Körperwahrnehmung, die Füße enden nicht im „Nichts".

Um die Kopfkontrolle im Sitzen zu erleichtern, legt der Therapeut seinen Unterarm um den Nacken des Patienten und schiebt zugleich die Schulter mit seiner Hand nach vorn und unten (vgl. KNUPFER & RATHKE 1986, S. 56 und FINNIE 1980, S. 83).

Das Kind läßt sich aber auch im engen Körperkontakt zum Betreuer im Sitzen lagern, was für viele Fördersituationen sicher nützlich ist. So setzt der Betreuer das Kind mit gespreizten (Spastiker) bzw. adduzierten Beinen (Athetotiker) mit dem Rücken zu sich auf seine Oberschenkel oder über eine Rolle. Dabei sollte man die Streckung des Rückens beachten, denn erst durch sie ist das Anheben des Kopfes gewährleistet. Die Rückenstreckung wird leichter durch eine passive Neigung des Beckens nach vorn unten erreicht. Auf diese Weise wird auch der Strecktendenz der Beine entgegengewirkt, die auch die Armbewegungen behindern kann.

30

Die gleichen Auswirkungen hat eine Überstreckung des Rückens. Sie kann man durch Zusammenführen der Beine in Beugestellung, bei gleichzeitigem Bewegen der Schultern nach vorn innen, verhindern.

Um beide Hände zur Förderung frei zu haben, gibt es für den Therapeuten die Möglichkeit, einen breiten Bauchgurt um sich und das Kind zu schlingen. So hält er es in einer sicheren Position und hat dabei noch Handlungsspielraum.

☐ Stehen

Wenn das Kind über eine ausreichende Kopfkontrolle verfügt, kommt eine weitere Position in Frage: Das Stehen mit Hilfe eines Stehständers.

Neben dem Atem- und Kreislauftraining und der vorbeugenden Wirkung gegen Osteoporose durch Belastung des Skeletts fördert das Stehen die Eigenwahrnehmung durch das Spüren des Eigengewichts auf Füßen und Skelett. Auch die Blickrichtung wird durch diese Position verändert, was wiederum der Raumwahrnehmung zugute kommt. Im Stehständer besteht zudem die Möglichkeit, mit den Händen auf der Arbeitsfläche zu arbeiten und die Gegenstände dabei im Blickfeld zu haben.

☐ Weitere Sitz- und Lagerungshilfsmittel

Knautschsäcke mit körniger Füllung und abwaschbarer bzw. abziehbarer Oberfläche bieten eine Menge unterschiedlicher Lagerungsmöglichkeiten, da sie sich den individuellen Körperformen der Kinder gut anpassen. Sie verlieren jedoch nach längerer Zeit und je nach Bewegungen des Kindes leicht ihre Form. Aus diesem Grund legt man sie besser zusätzlich in eine Kiste oder einen Rahmen, um eine seitliche Stabilisation zu erhalten. FINNIE (1980, S. 206) empfiehlt diesen Sack jedoch nicht für sehr inaktive, schlaffe oder gebeugte Kinder.

Vakuumkissen. Die Vorteile des Knautschsacks verbunden mit einer hohen Formstabilität bietet das Vakuumkissen. Es paßt sich in lockerer Form der Anatomie des Kindes an und bleibt in der vorher festgelegten Form, wenn man mit einer Luftpumpe die Luft aus dem Kissen zieht.

Sandsäckchen bieten einen relativ bequemen und zugleich stabilen Widerstand. Sie lassen sich in verschiedenen Größen, Formen und Gewichten herstellen und sind so vielseitig verwendbar.

Hängematten sind weich und passen sich den Körperformen des Kindes an. Um dem Körper des Kindes den besten Halt zu geben und eine Verletzungsgefahr auszuschließen, sollte die Hängematte aus einem breiten durchgehenden Tuch bestehen und nicht aus einem Netz. Bei der Lagerung in einer Hängematte werden die Schultern des Kindes automatisch gestützt und nach vorn gebracht, gleichzeitig wird verhindert, daß der Kopf nach hinten stößt.Diese Haltung begünstigt die Auge-Hand-Koordination und die Bewegungsmöglichkeit der Hände zum Mund.

Zu beachten wäre noch, daß das Kind nie zu lange in einer Lage verharren darf, da es sich bei Beibehaltung der gleichen Position, z.B. beim Spiel, zunehmend verkrampft und unbeweglich wird. Aus diesem Grund sind mehrere Pausen und häufiger Stellungswechsel unbedingt notwendig.

Voraussetzungen für die Förderung

Wie in den nächsten Abschnitten aufgezeigt wird, hat jede Förderung auf den einzelnen Entwicklungsstufen andere Voraussetzungen und Ziele. Auch wenn einige Fördermaßnahmen von der einen Stufe auf die nächste mitgenommen werden, so gibt es doch Grundlagen, die unbedingt auf jeder Stufe beachtet und angewandt werden müssen, da ohne sie eine optimale und kindgerichtete Förderung nicht denkbar wäre. Eine Entwicklungstufen übergreifende Förderung sollte sich an den Bedürfnissen der Kinder ausrichten und zwar an den beobachtbaren *und* den nicht beobachtbaren Bedürfnissen.

Das Recht auf Selbstbestimmung des Kindes muß geachtet werden. Seine Wünsche und Vorstellungen stehen trotz der Verständigungsschwierigkeiten im Vordergrund.

☐ Vertrauen in die Entwicklungsmöglichkeiten des Kindes

Eine wichtige Voraussetzung für einen Fördererfolg auf allen Stufen ist die emotionale Basis des Betreuers dem Kind gegenüber. Er muß Vertrauen in die Entwicklungsmöglichkeiten des Kindes haben und ihm dieses Gefühl der Werthaftigkeit verbal und nonverbal vermitteln können. Diese Erwartungen dürfen sich jedoch nicht als Leistungsdruck auf die Kinder auswirken. Der Betreuer muß abwarten können und das Ziel und die Hoffnung nicht aufgeben, auch wenn Lernplateaus oder gar Rückschritte sichtbar werden. Schließlich gehört auch die Unsicherheitstoleranz und das Akzeptieren eines möglichen Mißerfolgs zu einer erfolgversprechenden Förderung (vgl. SEVENIG 1991).

☐ Sprachhandeln

Das sprachbegleitende Handeln ist ein wichtiges Medium für den Sprachaufbau und das Sprachverständnis. Es hat dabei eine kompensatorische Funktion, denn es muß das eigene Handeln des Kindes ersetzen. Der Betreuer vermittelt dem Kind dadurch, daß er alle seine Handlungen sprachlich kommentiert, nicht nur die Worte und Bedeutungen für die Dinge und Vorgänge (Erweiterung des Wortschatzes), sondern er zeigt ihm auch exemplarisch ein stringentes Planen und Ausführen von Handlungen (Festigung von Denkstrukturen).

32

Darüberhinaus gibt es noch andere Funktionen des Sprachhandelns: Durch vermehrte Wahrnehmungstätigkeit des Sehens bei begleitendem Sprechen wird das Gehirn des Kindes stimuliert und in vielen Fällen allmählich auch Neugierverhalten – wissen wollen wie – ins Spiel gebracht, eine wesentliche Voraussetzung für jeden Lernvorgang.

Förderung der Gruppe 1

Die Kinder der ersten Teilgruppe weisen starke sensorische Defizite auf, ihre Aktionen und Reaktionen laufen vorwiegend auf vegetativer Basis ab.

Da sie aktiv noch keine kommunikativen Signale aussenden, ist es unklar, ob sie Sprachverständnis besitzen. Aus dieser Unsicherheit heraus sollte man die Kinder der ersten Gruppe in einigen Bereichen wie die Kinder der zweiten Gruppe fördern, bei denen bereits Sprachverständnis erkennbar vorhanden ist.

Die Hauptaufgabe der Förderung auf dieser untersten Stufe besteht darin, das Neugierverhalten und Interesse des Kindes zu wecken und die Reizaufnahme zu verbessern. Denn „die motivationale Aktivierung der Sensoren der verschiedenen Sinneskanäle und ihrer Leitungsbahnen ist eine notwendige Voraussetzung für die Entwicklung der Reizintegration und damit der Intelligenz" (SEVENIG 1991, S.54).

☐ Basale Stimulation

Hierzu bietet sich die von FRÖHLICH und HAUPT entwickelte Basale Stimulation an. Sie ist vor allem auf die Wahrnehmungsförderung ausgerichtet, indem sie dem Kind „basale" Reize auf allen Sinnesgebieten anbietet und dadurch die Wahrnehmungsareale im Gehirn anregt. So wird versucht, das durch die starke Bewegungsbeeinträchtigung bestehende Erfahrungsdefizit zu verringern bzw. den sensomotorischen Entwicklungsrückstand abzubauen und vorhandene Rezeptions- und Verarbeitungsorgane in Gang zu setzen (vgl. FRÖHLICH 1978, S. 23).

Die Basale Stimulation wird als ein kindorientiertes, ganzheitliches Vorgehen betrachtet, das den gesamten Körper und alle Sinnesbereiche des Kindes mit einbezieht, um sowohl eine kognitive als auch emotionale Förderung zu erreichen. Dabei werden das individuelle Entwicklungsniveau bzw. die besonderen Vorlieben des Kindes zugrunde gelegt. „Durch einfachste, gewissermaßen ‚voraussetzungslose', sensorische Angebote versucht man dem betreffenden Menschen zu helfen, sich selbst und den eigenen Körper zu entdecken. Durch den eigenen Körper werden erste Beziehungen zur sozialen und materiellen Umwelt aufgenommen. Damit entsteht ein primärer Wechselwirkungsprozeß zwischen ‚ich' und der ‚Welt'. Basale Stimulation hilft, die verwirrende Überfülle für den schwerstbehinderten Menschen strukturierter, verstehbarer und weniger ängstigend werden zu lassen. Damit können erste Ansätze von Aktivität, Neugier und Spielverhalten entstehen" (FRÖHLICH 1991, S. 135).

Auf den drei Grundbereichen sensorischer Erfahrung (vestibulär, somatisch, vibratorisch) baut dann schließlich der akusto-vibratorische, der akustisch-rhythmische, der orale, der geruchlich-geschmackliche, der taktil-haptische und der visuelle Sinneskanal auf.

Schwerpunkte einer integrierten Entwicklungsförderung für schwerstbehinderte Menschen (auf der Grundlage der „Basalen Stimulation")

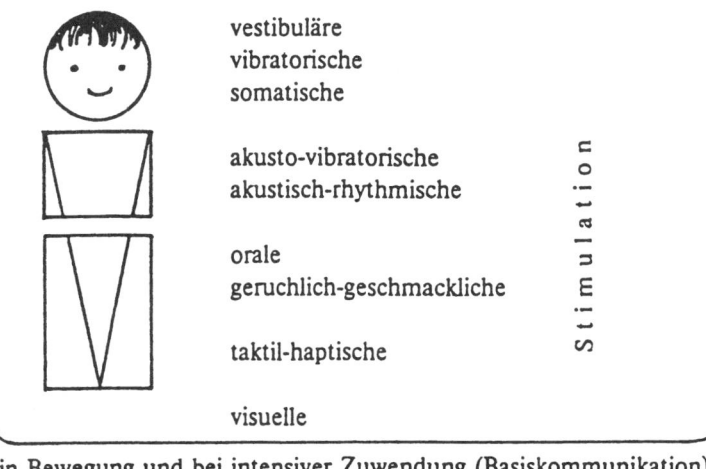

vestibuläre
vibratorische
somatische

akusto-vibratorische
akustisch-rhythmische

orale
geruchlich-geschmackliche

taktil-haptische

visuelle

Stimulation

in Bewegung und bei intensiver Zuwendung (Basiskommunikation)

Basierend auf zuverlässiger Bedürfnisbefriedigung, Pflege und Versorgung

(Abb. aus FRÖHLICH 1983, S.213)

Die Aufzählung orientiert sich an der zeitlichen Abfolge des Auftretens bzw. der Entwicklung. Die Wahrnehmungsförderung durch die Basale Stimulation richtet sich analog nach dieser Entwicklungsabfolge, um dem schwerstbehinderten Kind die Möglichkeit zu geben, Schritt für Schritt auf den gleichen Stufen aufzubauen, die auch ein nichtbehindertes Kind durchlaufen muß, um seine Wahrnehmung zu entwickeln. Auf der Basalen Stimulation baut dann die Integrierte Entwicklungsförderung auf (vgl. HAUPT & FRÖHLICH 1983), die dem Schwerstbehinderten den unmittelbaren Umgang mit der sozialen und dinglichen Umwelt ermöglicht.

☐ Vestibuläre Stimulation

In seinen neueren Veröffentlichungen stellt FRÖHLICH die vestibuläre Stimulation an den Anfang. Es handelt es sich hierbei um Raumlageveränderungen, rhythmisches Schwingen, Auf- und Abbewegungen und Drehungen.

Auch Jean AYRES (1984) legt in ihrer „Sensorischen Integrationstherapie" sehr viel Wert auf den Aufbau des vestibulären Systems. Sie sieht dieses Wahrnehmungsorgan als Grundlage für die Verarbeitung fast aller anderen sensorischen Reize. Dabei stützt sie sich auf die phylogenetische Entwicklung des Gehirns: „Das vestibuläre System (hat) einen großen Einfluß auf die Evolution der jüngeren Systeme ausgeübt, und dieser prägende Einfluß ist auch heute noch in unserem Gehirn wirksam. Das ist einer der Gründe, warum eine Behandlung, die sich mit vestibulären Stimulierungen befaßt, zur Verbesserung von Sprache und Lesen beitragen kann" (AYRES 1984, S. 105).

Die gleiche Bedeutung hat das vestibuläre System auch für das Sehzentrum in der Hirnrinde und die akustische Sinnesverarbeitung im Hirnstamm, ohne dessen Arbeit ist zudem auch keine Raumwahrnehmung, keine Entwicklung des Körperschemas und keine Schwerkraftempfindung möglich.

Die vestibuläre Stimulation hat auch eine psychosoziale Komponente. Sie wirkt beruhigend und emotional befriedigend. Dies zeigt schon allein das Verhalten eines Säuglings, der durch Wiegen beruhigt wird und sich dadurch geborgen fühlt. Auch die stereotypen Bewegungen von verhaltensgestörten Kindern (z.B. bei Hospitalisierung) sind häufig wiegend und schaukelnd.

Auf dieser sozial-emotionalen Grundlage ist auch der anfänglich enge Körperkontakt zwischen Kind und Betreuer sehr wichtig. Er bietet dem Kind während der Stimulationssituation nicht nur Haltungshilfen, sondern auch zusätzliche Nähe und Sicherheit.

Die gewohnteste und von den Kindern am besten akzeptierte vestibuläre Anregung ist die Schaukelbewegung um die Längsachse des Körpers.

Dazu ist eine möglichst sichere Lagerung des Kindes notwendig, z.B. die Rückenlage. Für diese Art von Bewegung hält FRÖHLICH (1991) eine Tonne für besonders geeignet. Sie bietet dem Kind einen guten seitlichen Halt und einen maximal tiefen Schwerpunkt und vermittelt ihm so die nötige Sicherheit und Stabilität. Neben der Tonne kann man auch eine Hängematte verwenden, die an längeren Seilen befestigt ist, so daß sie in weiten Bewegungen seitlich schwingen kann. Diese ruhige Schwingung hat in den meisten Fällen eine anregende Wirkung auf die Kinder. Eine weitere Möglichkeit bietet eine Schaukel aus dem Oberteil eines Turnkastens.

Mit den Schaukel- und Schwingbewegungen, die vorwärts und rückwärts ansprechen, sollte man erst beginnen, wenn das Kind sich schon ein wenig an die vesti-

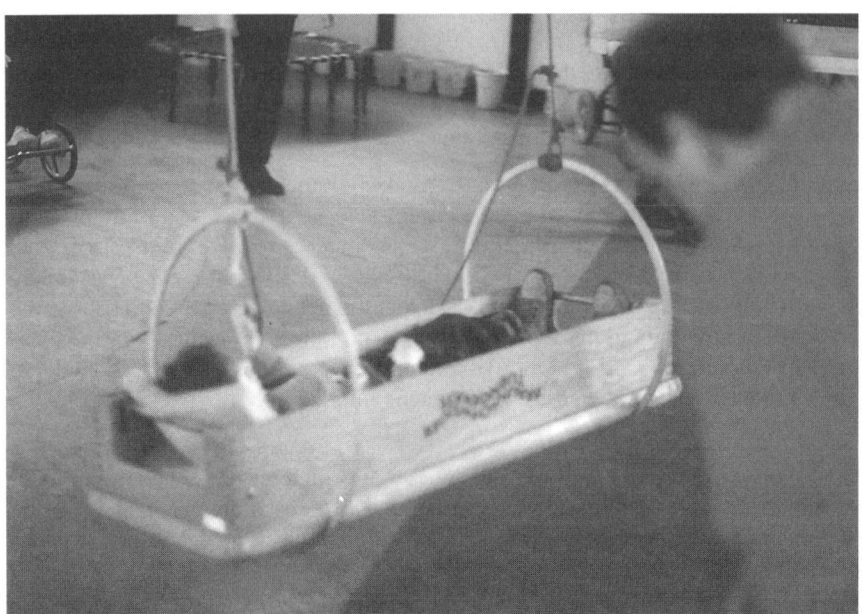

Abb. 4 *Schaukel-Kasten (Körperbehindertenschule Olpe)*

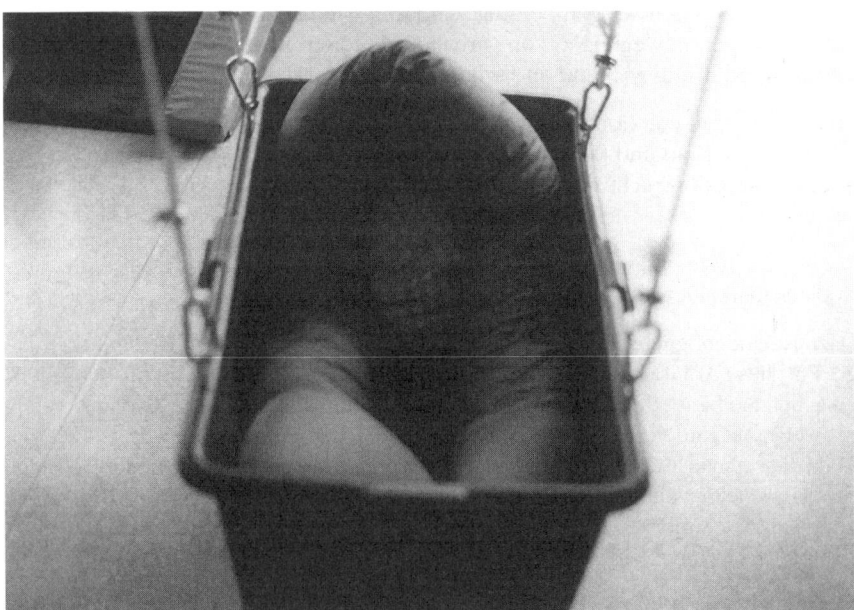

Abb. 5 *Schaukelwanne aus Zementbottich (Körperbehindertenschule Bonn)*

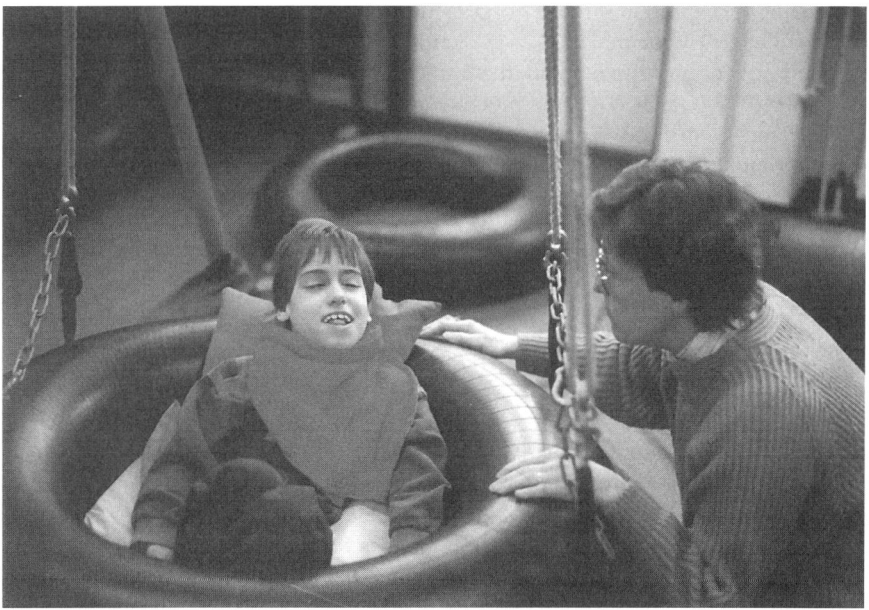

Abb. 6 *Schaukel mit Autoschlauch (Körperbehindertenschule St.Augustin)*

buläre Stimulation gewöhnt hat, da diese Bewegungen ein höheres Maß an Aufnahme und Integrationsfähigkeit erfordern (vgl. FRÖHLICH 1991, S.139). Als Medium für das Vor- und Zurückschwingen ist eine Art Schaukelwanne günstig, in der das Kind sicher gelagert werden kann.

Einfache Hängeschaukeln sind grundsätzlich für fast alle Bewegungsrichtungen geeignet, man braucht dazu nur die Position des Körpers zu verändern. Ein Beispiel dafür ist diese flache Schaukel, bei der ein Autoschlauch auf einem quadratischen Holzbrett liegt, das mit Ketten und Tauen an einem normalen Schaukelgestänge befestigt ist.

Die nächste Bewegungsrichtung der vestibulären Stimulation ist das Auf- und Abschwingen. Sie stellt eine stärkere Aktivierung dar und sollte deshalb auch immer nur kurz vorgenommen werden. Häufig kommt es dabei zu einer Tonussteigerung, die allerdings nur bei hypotonen Kindern vorteilhaft ist.

Im Laufe der Gewöhnung an die vestibuläre Stimulation und bei entsprechendem individuellen Entwicklungsverlauf des Kindes kann auch dessen Lagerung geändert werden, so daß es von der liegenden in eine mehr sitzende Position kommt. Dabei ist jedoch darauf zu achten, daß die Wirbelsäule nicht ungünstig belastet wird.

Den letzten Bereich der vestibulären Stimulation bilden die Drehbewegungen. Sie werden sowohl von FRÖHLICH als auch von AYRES recht kritisch betrachtet, denn reine Drehbewegungen um die Körperachse führen bei schwerstbehinderten Kindern häufig zu Überstimulation, was sich in Übelkeit, Übererregung, Unruhe und heftigen Augenbewegungen äußern kann (vgl. FRÖHLICH 1991, S.134 und AYRES 1984, S.110). FRÖHLICH (1991) möchte jedoch, unter gewissen Grundvoraussetzungen, nicht auf diese Stimulationsangebote verzichten. Eine Bedingung ist z.b., daß die Kinder über eine gewisse Rumpf- und Kopfstabilität verfügen sollten.

Die günstigste Drehbewegung ist für FRÖHLICH (1991) dann gegeben, wenn die Drehachse außerhalb des Körpers des Kindes liegt. Eine Möglichkeit wäre, das Kind in einen Stoffsack zu setzen der an der Decke befestigt ist, während der Erwachsene es dann an beiden Händen hält und halbkreisförmig umherschwingt. „Solche Drehbewegungen sind akzeptabel, sie signalisieren Nähe und geben einen eindeutigen Richtungsimpuls" (FRÖHLICH 1991, S.143).

Eine Lagerungshilfe, mit der alle Bewegungen zur vestibulären Stimulation gemacht werden können, bietet die Schaukelschale der Firma Holzmann's. In dieser Schale mit einem Durchmesser von 140–200 cm läßt sich das Kind bequem und sicher in verschiedenen Positionen lagern. Zudem ist in der Schaukelschale genug Platz, daß sich der Betreuer mit hinein setzen kann, um das Kind mit seinem Körper zu stabilisieren und die Schale durch eigene Bewegungen zum Schaukeln zu bringen oder daß mehrere Kinder gleichzeitig lagern, kuscheln oder schaukeln können. Eine weitere Variante wäre, die Schale mit unterschiedlichen Materialien wie Bällen, Sand oder Wasser zu füllen, um eine zusätzliche somatische Stimulation zu erreichen. Auch ein Luftkissen bietet neben einer bequemen Lagerung die Möglichkeit der vestibulären Stimulation durch die Fremd- oder Eigenbewegung des Kindes.

Sowohl FRÖHLICH (1991) als auch AYRES (1984) setzen ein Rollbrett zur vestibulären Stimulation ein. FRÖHLICH (1991) beschreibt eine Übung, bei der eine Sitzschale auf dem Rollbrett angebracht und ein Seil daran befestigt ist. Indem der Erwachsene in der Mitte steht und sich selbst mit dem Seil in der Hand dreht, kann das Kind in einer Art Karussell „herumgeschleudert" werden. FRÖHLICH (1991, S.144) erwähnt dazu: „Gerade bei dieser Übung ist nicht selten zu beobachten, daß die Kinder visuell aufmerksam werden und die Person im Zentrum relativ lange fixieren können. Dies ist natürlich ein wesentlicher Zugewinn auch für die kommunikative Förderung. Insgesamt kann davon ausgegangen werden, daß vestibuläre Anregung die visuelle Aufmerksamkeit steigert, was durch begleitende oder anschließende Angebote nutzbar wird. Hierbei stehen die Auf-, Ab- und Drehbewegungen im Vordergrund." AYRES (1984) verwendet das Rollbrett meist in Verbindung mit einer Rampe, die das Kind eigenständig in der Bauchlage herabfahren kann.

Viele Kinder haben eine vestibuläre Hypersensibilität, sie sollten daher nur ganz langsam und behutsam stimuliert werden. Man muß ihnen die Möglichkeit geben, sich an diese neuen Bewegungserfahrungen zu gewöhnen.

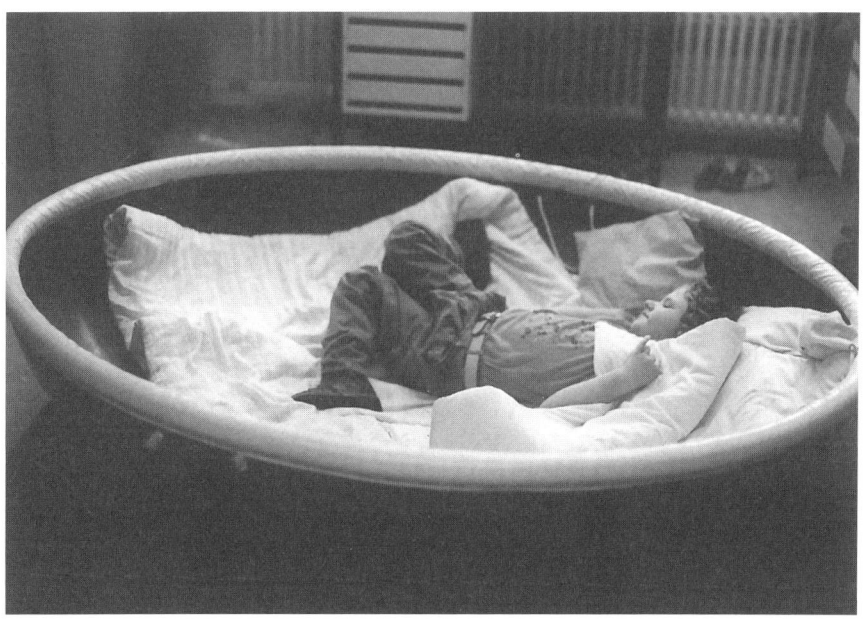

Abb. 7 *Schaukelschale (Firma Holzmann's)*

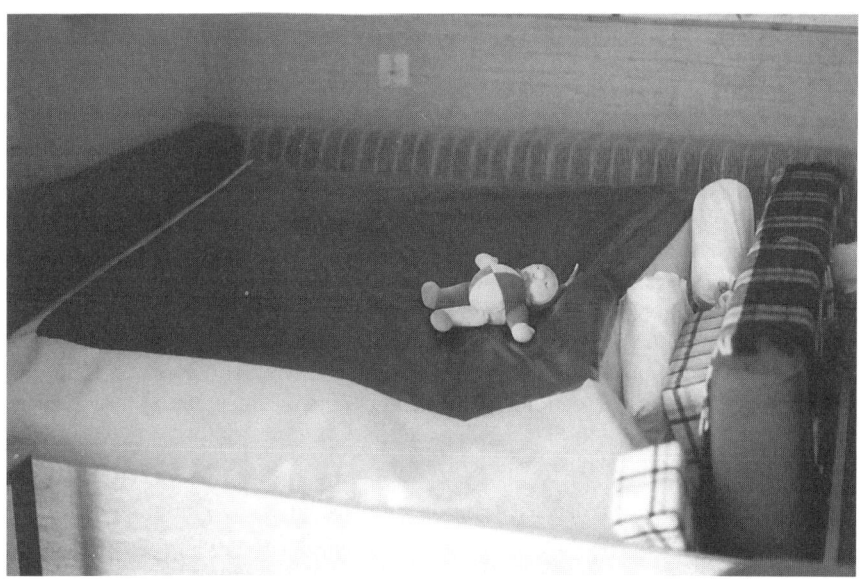

Abb. 8 *Luftkissen (Vertrieb unbekannt)*

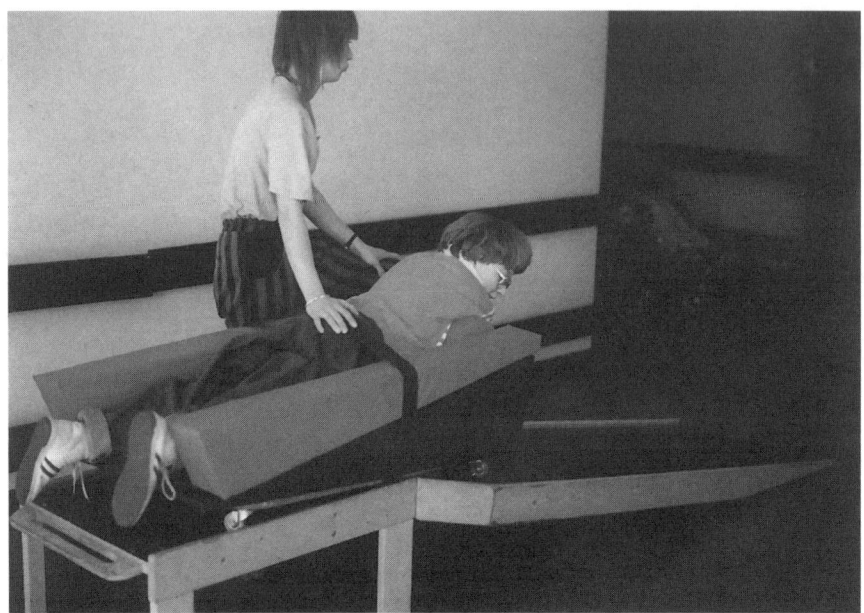

Abb. 9 Rollbrett-Rampe (Körperbehindertenschule St.Augustin)

☐ **Somatische Anregung**

Primäre Körpererfahrung

Die Überlegungen zur systematischen Körperanregung orientieren sich an sich an LEBOYERs (1989) Babymassage und haben das Ziel der Ausdifferenzierung des Körperschemas und der Körperwahrnehmung.

Die Massage vollzieht sich durch eine streichende Bewegung der Hände über den ganzen Körper des Kindes. Begonnen wird in Rückenlage an der Brust, den Schultern und den Flanken. Dann werden die Arme und Hände einzeln genommen sowie die Beine und Füße. Zum Schluß wird in Bauchlage vom Nacken entlang der Wirbelsäule zum Po und über die Beine bis zu den Füßen „massiert" (s. FRÖHLICH 1991, S. 149 ff.). Durch dieses Streichen wird eine intensive Anregung der Haut und die Tiefensensibilität der Extremitäten erreicht. Zudem entspannt es den ganzen Körper des Kindes, dessen Skelett, Gelenke und Muskeln durch das lange Sitzen oder Liegen meist einseitig beansprucht sind.

Durch unterschiedliches Material kann die somatische Wahrnehmung des Kindes weiter differenziert werden. So kann man z.B. Handschuhe mit unterschiedlicher Oberfläche (weich, rauh, glatt, kühl, warm usw.) zur Anregung benutzen. FRÖHLICH (1991) erwähnt, daß schwerstbehinderte Kinder am Anfang der Förderung recht deutlich unterscheidbare Reize brauchen, um sie überhaupt differenzieren zu können. Eine extreme Hautreizung muß dabei jedoch vermieden werden. Auch ein Haarfön mit kräftigem Luftstrom ist als Medium zur Entwicklung der somatischen Wahrnehmung geeignet. Bürsten und Pinsel eignen sich laut FRÖHLICH (1991) wenig zur Körpererfahrung, da sie nur Berührungsstreifen auf den Körper zeichnen und das angeregte Körperteil so nicht als ein Ganzes erfahren wird. Ein einfühlsames „Nachformen" des Körpers gelingt mit Tüchern wesentlich besser.

Bei der Auswahl der Materialien sollte man wegen der besseren Hautverträglichkeit möglichst auf Naturmaterialien achten. Geeignet sind z.B. Velourfrottee, Schlingenfrottee, stärkere Baumwolle und Seide. Langhaarige Felle haben sich als nicht geeignet erwiesen, da sie eine unangenehme, irritierende Wirkung haben können, auf die das Kind möglicherweise mit taktiler Abwehr reagiert.

Wichtig ist bei der Verwendung der Tücher, daß sie nicht lose über die Haut des Kindes gezogen werden, sondern daß die Hände durch das Tuch hindurch eine sichere und beständige Berührung bieten, um so dem Kind keine Unsicherheit zu bereiten.

Bei den verschiedenen Materialangeboten ist es nicht unbedingt notwendig, den ganzen Körper anzuregen. Man kann diese Förderung auch nur auf die Arme und Hände oder Beine und Füße beschränken. Damit der gesamtkörperliche Zusammenhang für das Kind nicht verlorengeht, sollten die angeregten Körperpartien nicht zu klein gewählt werden.

Eine Möglichkeit, besonders die Füße zu stimulieren, stellen Fühlschuhe dar. Diese mit unterschiedlichen Material füllbaren Stoffschuhe haben die Aufgabe, auf die Füße aufmerksam zu machen, sie zu massieren und zu erwärmen.

Die Füllungen können je nach gewünschter Wirkung ausgewechselt werden. Styroporflocken haben z.B. eine wärmende und leicht massierende Wirkung. Bei Erbsen ist dagegen der Massageeffekt intensiver und die Wärmeentwicklung geringer.

In der Fördersituation sollte das Kind in einer reflexhemmenden Stellung gelagert werden, bei der es möglichst seine Füße sehen kann. Der Betreuer umfaßt die Füße mit den Fühlschuhen und massiert so leicht mit dem Füllmaterial die Füße. Man kann das Kind jedoch auch in eine Sitzschaukel setzen und mit den Füßen über den Fußboden gleiten lassen, um auf diese Weise die Fußsohlen zu massieren.

Eine weitere Möglichkeit besteht darin, das Kind mit den Schuhen strampeln zu lassen. Dadurch, daß die verschiedenen Füllungen ein unterschiedliches Gewicht haben, macht das Kind eine zusätzliche Erfahrung. Die letzten beiden Möglichkeiten eignen sich auch durchaus zur Selbstbeschäftigung des Kindes.

Neben dem Körper sind auch die Berührungserfahrungen im Gesicht wichtig. Die Berührung des Gesichts ist für viele Kinder jedoch recht unangenehm, so daß man

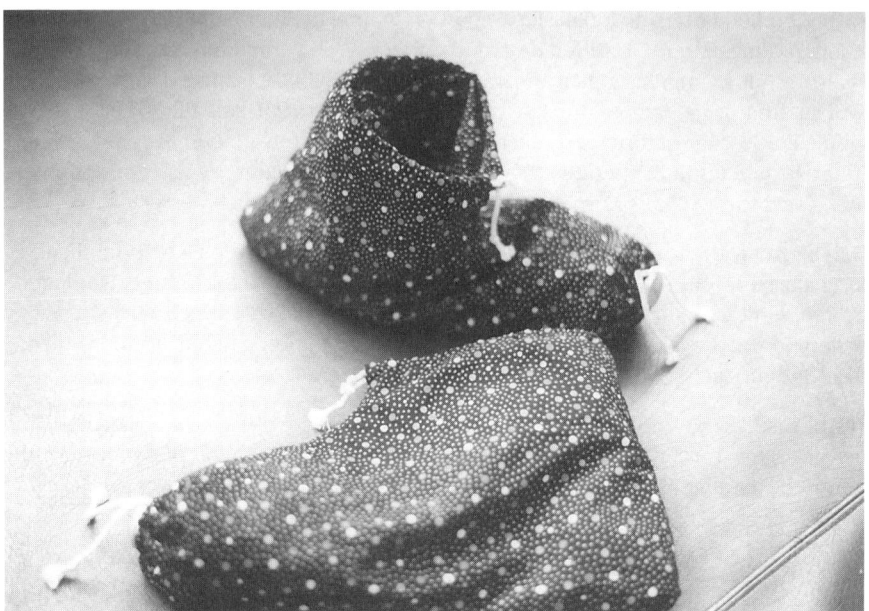

Abb. 10 *Fühlschuhe (Firma Holzmann's)*

hier vorsichtig und kleinschrittig vorgehen sollte. Mit der Entspannung bzw. positiven Anregung der Gesichtsmuskulatur haben sich viele Autoren beschäftigt, besonders in Bezug auf die Verbesserung der Eß- und Trinkmöglichkeiten bzw. auf die Anbahnung und Verbesserung der Lautbildung und Artikulation; verwiesen sei dabei auf CRICKMAY (1978), GOLDSCHMIDT (1972), CASTILLO-MORALES (1991) und FRÖHLICH (1991).

Vibratorische Anregung

Die Vibration steht in engem Zusammenhang mit mehreren Empfindungsmodalitäten wie dem Hören, der Atmung und der eigenen Stimmproduktion sowie der vestibulären Anregung. Aus diesem Grund wirkt die vibratorische Stimulation förderlich auf jeden dieser wichtigen Bereiche.

Das Kind ist, wenn möglich, in der Rückenlage zu lagern. Die vibratorischen Angebote beginnen im Gegensatz zu den vorher beschriebenen Fördermaßnahmen möglichst körperfern, da die Vibration in der Körpermitte recht intensiv ist und häufig als bedrohlich empfunden wird.

Die vibratorische Anregung der Füße und Beine (analog auch für Hände und Arme) wird durch ein Vibrationskissen entlang der Knochen vorgenommen. Die Schwingung breitet sich dadurch gut wahrnehmbar von Gelenk zu Gelenk aus und ver-

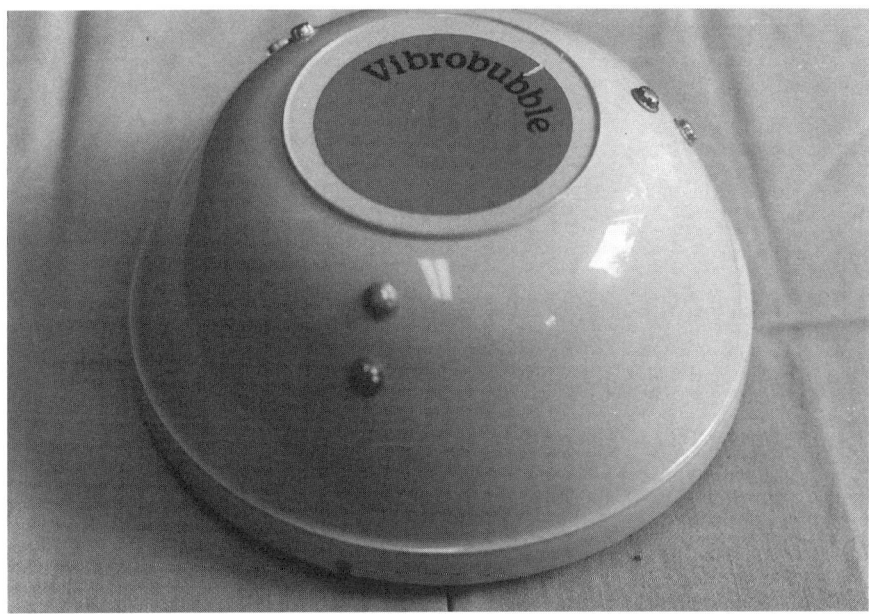

Abb. 11 *Vibrobubble (Firma Lekis)*

stärkt so die Selbstwahrnehmung. Durch die Vibration werden bestimmte Partien des Körpers neu entdeckt. Die Kinder zeigen dabei häufig große Aufmerksamkeit. Später kann auch der Rumpf des Kindes auf diese Weise angeregt werden, oder das Kind kann das Kissen mit den Armen umfassen. Einen ähnlichen Effekt wie das Vibrationskissen bietet der Vibrobubble. Durch Berührung der verschiedenen Kontakt-Sensoren beginnt die Oberfläche jeweils unterschiedlich zu vibrieren.

Mit handelsüblichen Massagegeräten sollte man nicht entlang der Muskulatur massieren, da sich durch diesen Reiz der pathologische Muskeltonus weiter erhöhen kann. Die Impulse sollten vielmehr auf die besser leitenden Knochen gerichtet sein.

Als geeignet erweisen sich auch Tischmassagegeräte, elektrische Zahnbürsten ohne Bürstenaufsatz sowie elektrische Rasierapparate mit Batteriebetrieb. Die Vibration dient auch als eine Anregung für das Berühren und Festhalten. Es stellte sich heraus, daß vibrierende Objekte meist eher und länger festgehalten werden.

Besonders schwerhörige oder gehörlose Kinder mögen auch die unmittelbare Vibration am Kopf sehr gerne als eine elementarste Form der vibratorisch-auditiven Wahrnehmung.

Ein Vibrationsbrett bietet die Möglichkeit, die Schwingung von Musik oder Stimmen unmittelbar auf den Körper des Kindes zu übertragen.

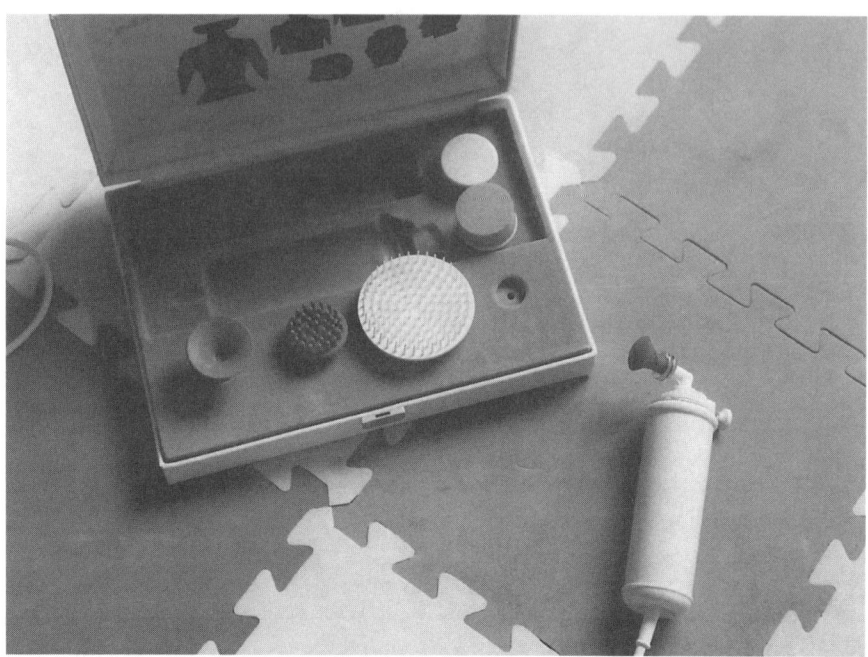

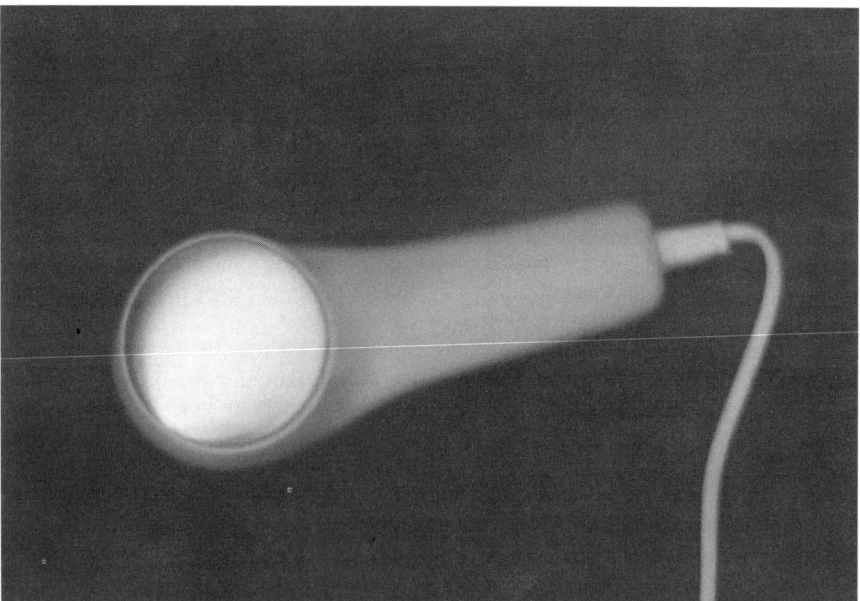

Abb. 12 *Verschiedene Massagegeräte (Vertrieb unbekannt)*

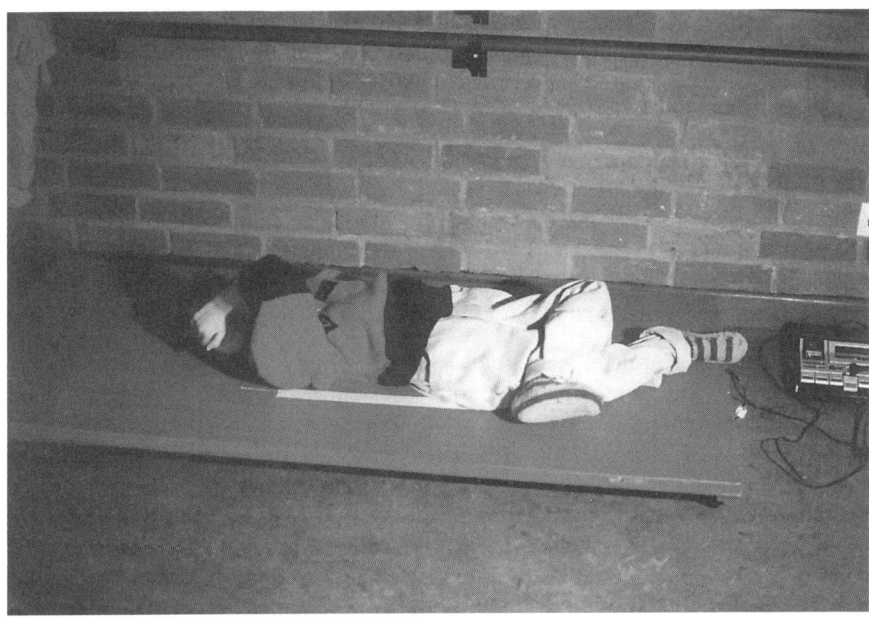

Abb. 13 *Vibrationsbrett (Körperbehindertenschule Olpe)*

Durch Anschluß eines Mikrophons wird auch die Verstärkung der eigenen Stimme oder der Stimme des Betreuers als Feedback zur verbesserten Selbstwahrnehmung möglich. Den gleichen Effekt wie das Vibrationsbrett hat ein Wasserbett mit unterlagerten Lautsprecherboxen. FRÖHLICH (1991) weist darauf hin, daß man dem Kind nicht zu viele differierende sensorische Angebote machen sollte, um es nicht zu verwirren.

☐ Akustische Anregung

An die vibratorische Stimulation schließt sich natürlich die eng verwandte akustische Anregung an. Überhaupt ist das Hören einer der Sozialsinne, der für eine „normale" Kommunikation notwendig ist.

Die Ziele der akustischen Stimulation beschreiben HAUPT und FRÖHLICH (1982, S. 106): „Hauptziel dieser Gruppe von Anregungen ist es, dem Kind eine Chance zu geben, zu erfahren, daß Töne, Laute und Geräusche wichtige Informationen beinhalten können, daß sie bedeutsam sind. Dazu muß das Kind zunächst so weit kommen, daß es von der unmittelbaren, körpernahen Stimulation durch Vibration unabhängig wird.

Über akusto-vibratorische Wahrnehmung zur ‚reinen' akustischen Wahrnehmung soll das Kind gebracht werden, mit dem zentralen Ziel, die menschliche Stimme, auch die eigene, als sozial-kommunikative Kraft aufzunehmen. Daneben stehen Ziele wie akustische Raumorientierung, lernen, daß Geräusche ihre Quelle haben, aber auch die Erfahrung, daß man selbst aktiv Geräusche und Töne produzieren kann."

Mit geeigneten Musikinstrumenten kann die auditiv-vibratorische Aufmerksamkeit auf schwingend klingende Objekte gelenkt und dem Kind gezeigt werden, daß Gegenstände auch Geräusche und Klänge erzeugen können. Wichtig ist dabei, die Instrumente, ähnlich wie die Massagegeräte, unmittelbar an den Körper des Kindes zu bringen, damit sich die Schwingungen direkt über die Knochenleitung übertragen. Dabei ist zu beachten, daß Baßtöne die stärkste Schwingung erzeugen.

Als Anregung des Hörprozesses eignet sich ein rhythmisches Schlagen eines Instrumentes, wobei ein neuer Schlagrhythmus oder eine veränderte Tonqualität neue Konzentration beim Kind hervorruft und auch besser seine Erwartungen strukturieren kann, als Musik oder Melodien (FRÖHLICH 1991, S. 161): „Das Musikinstrument bietet die Möglichkeit, langsam und zentimeterweise die Distanz zu vergrößern. ... Die Distanz wird weiter erhöht, so daß nur noch das Hören angesprochen wird. Viele Wiederholungen, Angebote von rechts, links, oben und unten können dem Kind helfen, seine auditive Wahrnehmungswelt zu erweitern. ... Dieses Prinzip der wechselnden Annäherung und Entfernung, des Übergangs von Schwingung zum Hören ist natürlich auch mit der menschlichen Stimme zu praktizieren." Wenn man mit der Stimme zu weit entfernt ist, so daß das Kind kein Interesse oder keine Orientierung mehr zeigt, stellt man wieder Körperkontakt her, um dem Kind zu vermitteln, daß man immer noch in der Nähe ist und die Stimme zu der Person gehört.

Zur Feststellung der Hörgerichtetheit bzw. des Seitenhörens stellt man sich hinter das Kind, um es nicht abzulenken, und schlägt links und rechts jeweils 20 sec einen gleichbleibenden Rhythmus. Augen oder Kopf sollten sich dann zur Geräuschquelle drehen.

Um eine sich steigernde Orientierung nach Geräuschen, Tönen und Stimmen zu erreichen, sollte man dem Kind einen Wechsel der akustischen Ereignisse anbieten. Während des gesamten Angebotes werden die Reaktionen des Kindes genau beobachtet, um auf diese Weise herauszufinden, welches der akustischen Signale das Kind bevorzugt.

Zur Eigenaktivität sind Instrumente als intermodale Medien geeignet. Um beim Kind eine Wenn-Dann-Beziehung anzubahnen, sollte man ihm die Erfahrungsmöglichkeit geben, selbst etwas zum Tönen zu bringen, selbst wenn es nur Krach macht. Für diese eigenaktive Anregung sind besonders Schlaginstrumente wie Gong, Becken, Tamburin, Trommeln, Klangstäbe und auch Büchsen geeignet, die das Kind selbst mit einem Schlegel, der eventuell am Stiel verdickt ist, um ihn besser greifen zu können, anschlagen kann. Als günstig hat sich dabei die Seitlage erwiesen, allerdings muß das Kind mindestens auf der Höhe des Instruments liegen, damit es auch den

Abb. 14 *Elektronischer Synthesizer*

Abb. 15 *Cry-Bubble mit Sensormatten (Vertrieb unbekannt)*

47

Augenkontakt zu ihm halten kann. Die Hilfestellung seitens des Betreuers sollte so gering wie möglich sein, damit das Kind die Schlagbewegung als eigene Bewegung erfährt und somit den Zusammenhang zwischen Bewegung, Berührung und Geräusch erkennen lernt. Um verschiedene Bewegungsempfindungen mit verschiedenen Hörerfahrungen zu verbinden, sollte man auch verschiedene Schlagrhythmen vornehmen. Über die gemeinsame Aktivität mit einem Instrument kann sogar eine Art Kommunikation in Form der gegenseitigen Nachahmung einsetzen.

Bei elektronischen Instrumenten, z.B. einem Synthesizer, spielt das Ausmaß der Bewegungen keine Rolle, selbst mit geringem Kraftaufwand können schwerstbehinderte Kinder die Tasten auslösen. Mit Hilfe des Synthesizers kann sich das Kind als Verursacher beliebig lauter und unterschiedlich klanglich einzufärbender Töne erleben.

Ein weiteres auditives Förderungsmedium ist der Cry-Bubble. Dieses igluförmige Gerät sendet bei Berührung seiner Sensoren unterschiedliche Geräusche und Laute aus (Brummen oder Sirenentöne).

Der Cry-Bubble kann jedoch auch mit großflächigen Sensormatten, die jeweils ein anderes Geräusch verursachen, bedient werden. Diese Matten brauchen nicht so

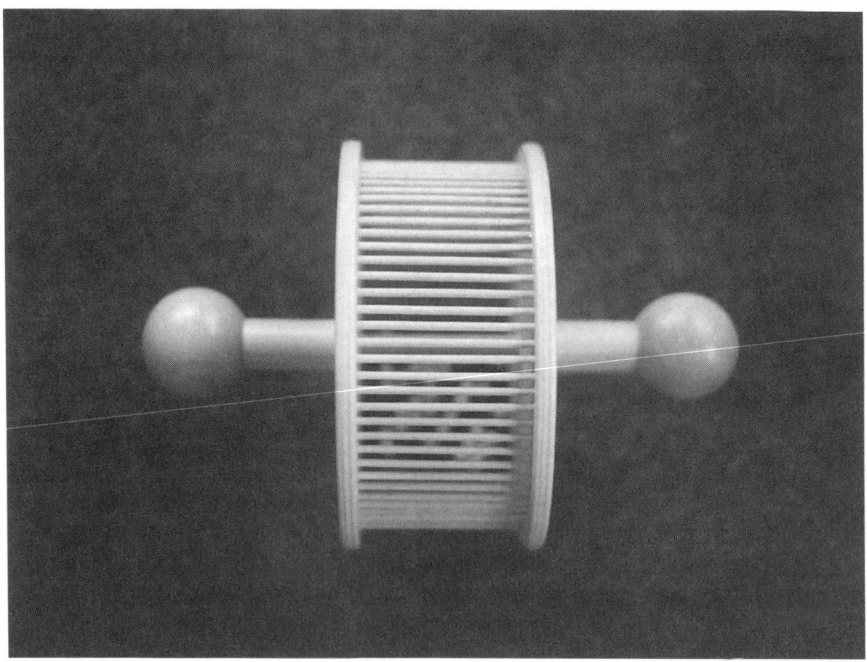

Abb. 16 *Rollrassel (Firma Holzmann's)*

Abb. 17 *Stroh-Reet-Rassel (Firma Holzmann's)*

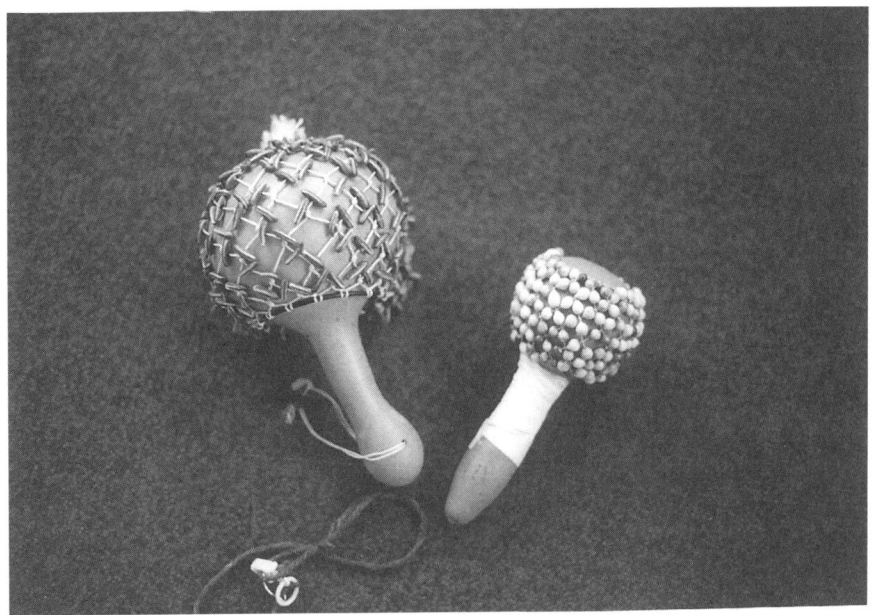

Abb. 18 *Kalebass-Rasseln (Firma Holzmann's)*

genau wie die einzelnen Sensorpunkte berührt zu werden, um den gleichen Effekt zu erzielen, sie lassen sich auch durch grobmotorische Bewegungen oder größere Körperteile auslösen. Als weitere Variante kann man das Kind darüber rollen, um so alle Geräusche nacheinander ertönen zu lassen. Es kann aber auch die Aufgabe gestellt bekommen, nur bestimmte Geräusche auszulösen, dies erfordert jedoch schon eine gewisse Lautdifferenzierungsfähigkeit.

Eine weitere, häufig benutzte Möglichkeit, um dem Kind Eigenaktivität zu vermitteln, ist der Einsatz eines Kassettenrecorders, der mit Hilfe eines Tastschalters (s. Kap. 10.4.1.1) selbständig an- und ausgeschaltet werden kann.

Um dem Kind den kausal-zeitlichen Zusammenhang von Bewegung und Geräuschen spürbar zu machen, eignen sich auch Rasseln und Geräuschspielzeug aller Art, sie sollten nur gut zu greifen und nicht zu schwer sein. Als Beispiel seien hier einige Rasselformen gezeigt, die sich durch verschiedene Bewegungsformen wie Rollen, Kippen oder Anschlagen betätigen lassen.

Geeignet sind auch Klangmobiles, die auch durch einen ungezielten Schlag zum Klingen gebracht werden können, oder ein einfacher Klingelball.

Die Körperbehindertenschule in St.Augustin besitzt ein besonders vielfältiges Gerät für die akustische Wahrnehmungsförderung: ein Klanghaus. An diesem Haus sind verschiedene Instrumente und Klangspielzeuge zusammengestellt, die die Schüler eigenaktiv oder mit Hilfe herausfinden und unterscheiden lernen können.

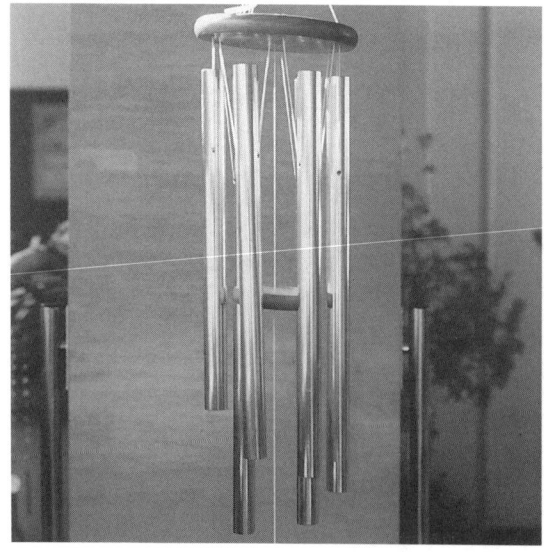

Abb. 19 *Klang-Mobile (Firma Lekis)*

Abb. 20 *Klingelball*
(Vertrieb unbekannt)

Abb. 21 *Klanghaus (Körperbehindertenschule St.Augustin)*

☐ Taktil-haptische Anregung

HAUPT und FRÖHLICH (1982, S.112) grenzen den Bereich der taktil-haptischen Stimulation zunächst auf die Hände ein: „Unter ‚taktil' seien die Berührungs-, Temperatur-, Druck-, Schmerz- und Bewegungsempfindungen verstanden, die durch die Handinnenfläche und die Fingerinnenseiten, aber besonders durch die Fingerkuppen aufgenommen werden. ‚Haptisch' soll bedeuten, daß eine stärkere Komponente des aktiven Fühlens hinzukommt, d.h. daß das Kind sich durch Hand- und Fingerbewegungen gezielter solche Eindrücke verschafft."

BIENSTEIN und FRÖHLICH (1991, S.99) weiten diesen Bereich jedoch weiter aus: „Besonders fähig zum Begreifen der Umwelt und des eigenen Körpers sind die Hand- und Fußinnenflächen. Der Mund und die weiteren ‚sehenden' Körperteile eignen sich ebenfalls besonders für die taktil-haptischen Stimulationen."

Da ein enger Zusammenhang zwischen Spracherwerb und manueller Tätigkeit vermutet wird, legen HAUPT und FRÖHLICH (1982) besonderen Wert auf diesen Bereich. Die Förderung macht die sensiblen Bereiche der Hand deutlich, damit die Kinder die Möglichkeit bekommen, die Hände zu öffnen und ansatzweise zu bewegen, sie sollen erfahren, daß bestimmte Dinge, die für das Kind selbst bedeutsam sind, sich charakteristisch anfühlen oder ähnlich wie andere Dinge, und sie sollten lernen, Dinge festzuhalten, zu erfassen und willkürlich loszulassen. Im Hinblick auf die eventuell spätere Handhabung eines elektronischen Kommunikationsgerätes bieten diese Stimulationsübungen auch eine Vorbereitung auf die gezielte Bedienung eines Schalters.

Zur Sensibilisierung bzw. Desensibilisierung der Handinnenfläche sind die gleichen Tastmaterialien wie zur somatischen Stimulation geeignet. In der Fördersituation sollte das Kind in eine gute Sitzposition oder Bauchlage gebracht werden, damit es seine Hände und damit auch seine Handlungen sehen kann (Augen-Hand-Koordination). Während der Förderung öffnet man behutsam die Hand des Kindes und legt sie in die eigene Hand (Handinnenfläche des Kindes nach außen). Dann bietet man ihm die Materialien nacheinander jeweils etwa 20–30 sec lang an. Dabei sollte man zunächst den deutlich zu unterscheidenden Materialien den Vorzug geben.

Tastbrett. Auf der nächsten Stufe machen die Kinder erste eigene Tastaktivitäten. Dazu werden einzelne Tastbrettchen mit unterschiedlicher Oberfläche benutzt. Zu Beginn plaziert man zwei Brettchen mit extrem unterschiedlicher Oberfläche vor das sitzende Kind. Man führt die offene Hand des Kindes leicht über die Brettchen hin und her und beobachtet dabei die Reaktion des Kindes auf die Unterschiede. Auf diese Weise kann man erkennen, welcher Oberfläche es den Vorzug gibt. Eine weitere Möglichkeit wäre es, die eigene Hand mit dem Tastbrettchen über die Hand des Kindes zu führen, das bewirkt mehr Bewegung und einen verstärkten Druck und Gegendruck. Zur Selbstbeschäftigung eignet sich auch ein Tastbrett mit mehreren unterschiedlichen Oberflächen.

Abb. 22 *Tastbrett (Firma Holzmann's)*

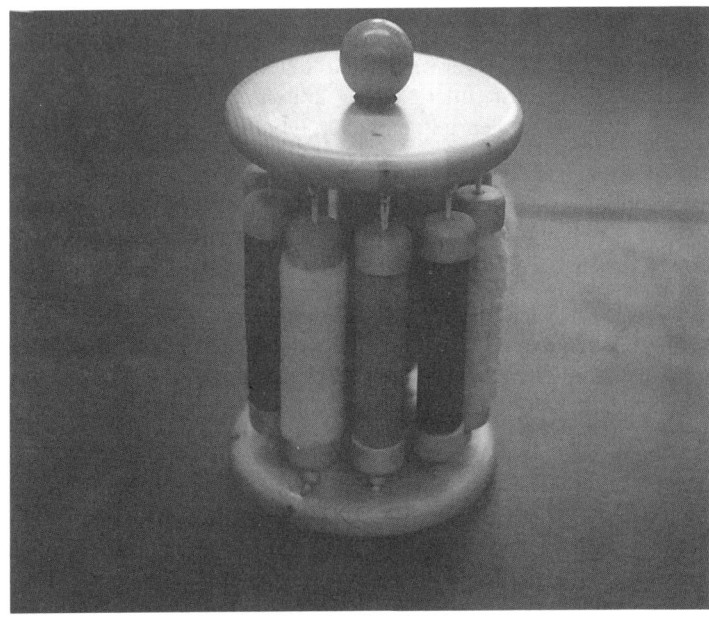

Abb. 23 *Greifrollen (Firma Holzmann's)*

53

HAUPT und FRÖHLICH (1982) empfehlen dabei, die Hand des Kindes auf die Grenze zwischen zwei Tastfeldern zu legen und zu beobachten, in welche Richtung das Kind tendiert. Dann legt man die Hand auf das unangenehme Feld und läßt die angenehme Oberfläche suchen. Die Firma Holzmann's erweitert das Angebot des Tastbretts noch durch einzelne Plättchen aus den gleichen Materialien, die den einzelnen Flächen zugeordnet werden können.

Im weiteren Verlauf der Förderung wird versucht, die Hände des Kindes weiter zu aktivieren. Dazu werden Möglichkeiten entwickelt, Dinge zu erfassen, festzuhalten und auch willkürlich loszulassen. Die Angebote zur Stimulation der Handaktivität sollten so früh wie möglich dreidimensional sein, um dem Kind die Möglichkeit des Berührens, Umfassens und Bewegens zu geben (vgl. RAHMEN & FRÖHLICH 1985 und AFFOLTER 1991).

Greifrollen. Um dem Kind ein haptisch attraktives Material anzubieten, das es gut umfassen kann, wurden Greifrollen entwickelt, die mit unterschiedlichen Materialien bezogen sind.

Unter Umständen gibt der Betreuer eine Hilfestellung, um die Hand geschlossen zu halten, und vermittelt durch leichten Druck ein Gefühl für Greifen und für die Beschaffenheit des Materials auf der Rolle. Dabei sollten wiederum die deutlich unterscheidbaren Materialien (z.B. Fell – Leder) vor den ähnlichen Oberflächen (z.B. Samt – Cord) angeboten werden.

Mit den Greifrollen lassen sich jedoch auch verschiedene Spielsituationen gestalten: So können sich z.B. zwei Kinder die Rollen über eine schiefe Ebene zurollen. Es können die weicheste oder glatteste Rolle herausgesucht (evtl. mit geschlossenen Augen) oder die Rollen mit ähnlichen Oberflächen einander zugeordnet werden.

Die Greifrollen lassen sich auch zur somatischen Stimulation verwenden, z.B. indem man mit den unterschiedlichen Materialien über die Haut des Kindes streicht. Eine weitere Anregung in dieser Richtung wäre, die Füße des sitzenden Kindes über die Rollen zu bewegen.

Greifbälle. Ein weiteres Material, mit dem man das Festhalten und Loslassen üben kann, stellen Greifbälle dar. Diese mit bunten Stoff bezogenen Bälle sind mit unterschiedlichen Materialien gefüllt und bieten so beim Festhalten Erfahrungen über unterschiedliche Gewichte und Materialbeschaffenheit.

Zu Beginn der Übung sucht man zunächst einen Greifball mit weicher Füllung aus und gibt ihn dem Kind in die Hand. Hilfestellung zum Festhalten kann man dem Kind dadurch geben, indem man das Handgelenk des Kindes leicht umfaßt und mit dem eigenen Daumen von außen auf seinen Daumenballen drückt. Der Gegenstand wird so in der Hand des Kindes eingeklemmt. Nach ca. 2–3 sec wird das Kind durch Schütteln des Armes dazu bewegt, den Ball loszulassen. Dann wird die gleiche Übung mit einem härter gefüllten Ball fortgesetzt. Mit den Greifbällen lassen

Abb. 24 *Greifbälle (Firma Holzmann's)*

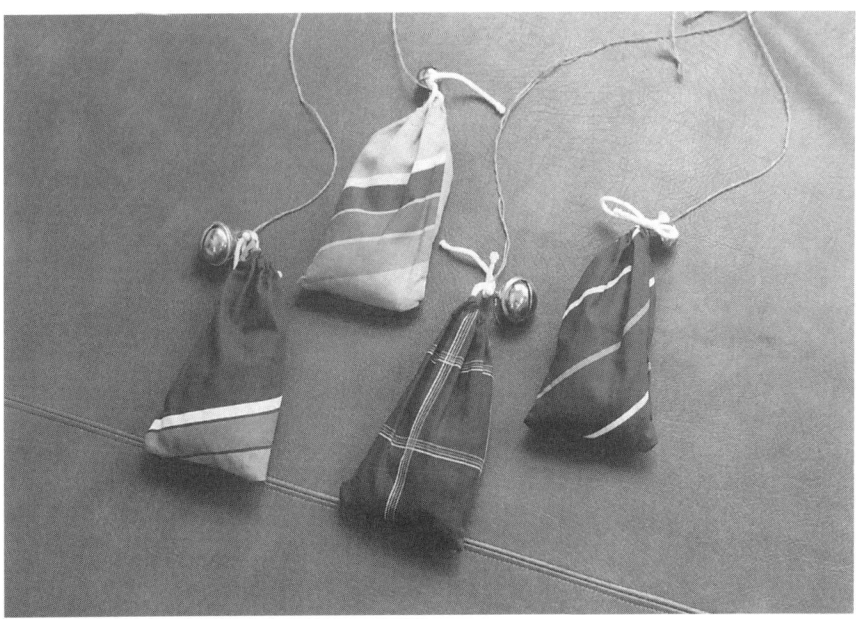

Abb. 25 *Sackträgerspiel (Firma Holzmann's)*

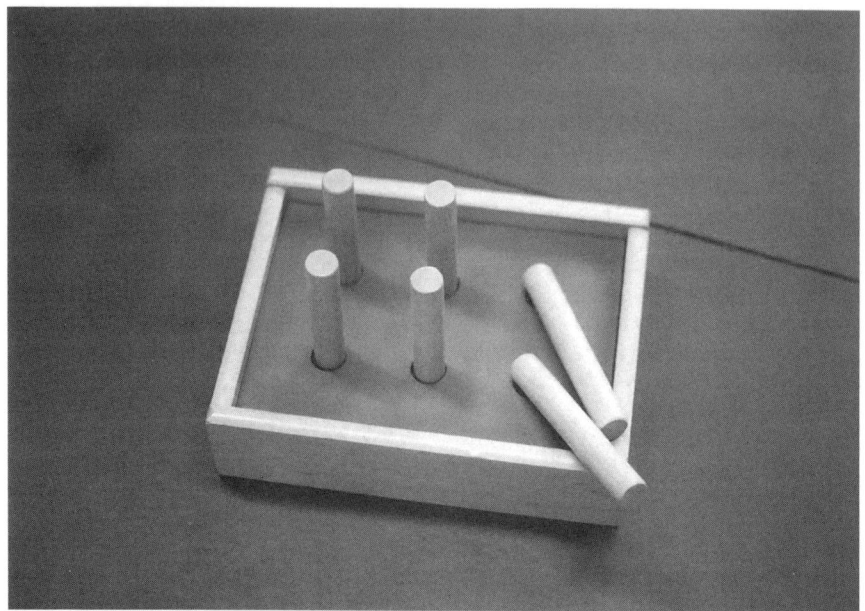

Abb. 26 *Steckspiel (Firma Holzmann's)*

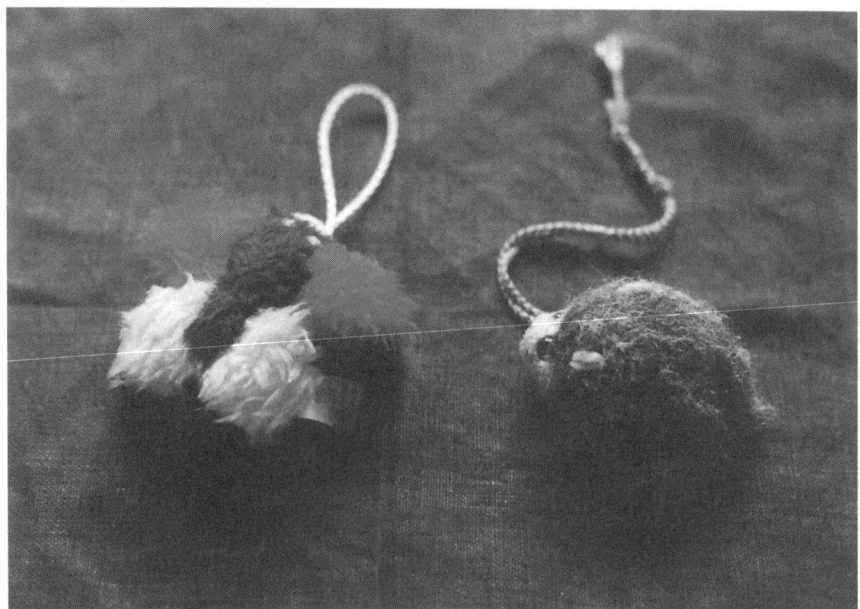

Abb. 27 *Mini-Plüsch-Musiktiere (Firma Holzmann's)*

sich jedoch auch Werfübungen in Form von Dosenwerfen oder Kegeln gestalten sowie das gezielte Loslassen beim Aus- und Einräumen der Bälle.

Sackträgerspiel. Ähnlichkeiten mit den Greifbällen hat auch das Sackträgerspiel. Es besteht aus verschiedenen Säckchen, die mit unterschiedlichen Gegenständen gefüllt sind. Diese Säckchen sind jedoch bewußt äußerlich gleichgehalten, um ihren Inhalt, der vom Gewicht her sehr unterschiedlich ist, nicht zu verraten.

Neben der Verwendung als Füll- und Greifmaterial läßt sich das Sackträgerspiel vor allem in der Vermittlung der Erfahrung von Schieben, Runterwerfen, Festhalten und Fallenlassen von Gegenständen einsetzen. Versucht das Kind die Säckchen vom Tisch zu schieben, so wird es erfahren, daß sie sich je nach Gewicht schwerer oder leichter bewegen lassen. Auch das Geräusch beim Herunterfallen ist je nach Füllung unterschiedlich. Wenn ein Gegenstand auf den Boden fällt, so ist es wichtig, daß das Kind sehen kann, wohin er gefallen ist und daß er nicht vollkommen verschwunden ist.

Steckspiel. Eine weitere Möglichkeit, die Fähigkeit der Hand als Greiforgan zu fördern, bieten Steckspiele. Die Firma Holzmann's stellt ein massiv gestaltetes Spiel her. Es besteht aus einem Holzkasten, in dem sechs relativ große Holzstäbe weit auseinandergesetzt stecken. Der Untergrund ist in einer kräftigen Farbe gehalten, damit sich die Stecker optisch davon abheben.

Die Arbeit mit dem Steckspiel dient der Übung der visomotorischen Koordination, die bei cerebral bewegungsgestörten Kindern stark gehemmt ist. Um mit dem Steckspiel arbeiten zu können, muß das Kind jedoch schon das aktive Öffnen und Schließen der Hände gelernt haben.

Der Betreuer kann zunächst mit dem Kind gemeinsam die Stecker herausziehen und wieder hineinstecken, oder das Kind räumt die Stecker z.B. mit etwas gröberen Bewegungen ab und der Erwachsene räumt sie wieder ein. Durch abnehmende Hilfe (z.B. leichtes Führen des Armes) kann das Kind immer selbständiger den Kasten füllen, was eine große Motivationswirkung auf das Kind hat.

Mini-Plüsch-Musiktiere. Ein Spielgegenstand, der die Übung der Greiffunktion mit der Anregung der akustischen Wahrnehmung verbindet, ist das Mini-Plüsch-Musiktier.

Dieses kleine Tier spielt, wenn man es drückt, kleine Lieder. Das Kind erfährt so eine akustische Reaktion auf seine Aktivität. Es erlebt sich als Auslöser von Umweltereignissen.

☐ Visuelle Wahrnehmungsförderung

Die sinnvolle optische Reizverarbeitung stellt schon eine sehr hohe Stufe der Wahrnehmungsentwicklung dar.

Die Entwicklung der Sehfähigkeit, nach deren Schritten man sich bei der visuellen Stimulation richten sollte, beschreiben BIENSTEIN und FRÖHLICH (1991, S.103) wie folgt:

- Hell-/Dunkelwahrnehmung,

- Wahrnehmung von Umrissen auf kurze Distanz (ca. 10–15 cm),

- Wahrnehmung eigener Körperteile,

- Wahrnehmung des Umfeldes auf weite Distanz (ca. 1–2 m),

- Wahrnehmung deutlich bei scharfen Konturen,

- Unterscheidung von einzelnen Gegenständen durch „Besehen" der Gegenstände mit den Händen und dem Mund,

- Entwicklung von Farbstufen,

- Differenzierung von Größen/Formen, Personen und parallele Entwicklung der Farbwahrnehmung.

Zu Beginn sollte man dem Kind vermitteln, daß visuelle Reize interessant sein können. HAUPT und FRÖHLICH (1982) stellen zur Förderung der visuellen Wahrnehmung eine Maßnahme vor, in der sie dem Kind Dias mit verschiedenen Schwarz-Weiß-Kontrasten anbieten. Zu den Rasterfotos werden nach einiger Zeit auch Porträtfotos von Personen, die dem Kind bekannt sind, und Fotos von alltäglichen Gegenständen, jeweils vor neutralem Hintergrund, hinzugefügt. Mit Hilfe dieser Zusammenstellung kann man überprüfen, welche Art von visuellen Angeboten für das Kind am interessantesten ist.

Ob das Kind verschiedene visuelle Reize unterscheiden kann, läßt sich durch genaue Beobachtung des Verhaltens feststellen. Das Kind sieht eine optische Erscheinung nur so lange an, bis ein Gewöhnungseffekt (Habituation) eintritt. Ist z.B. beim Betrachten von breiten Blockstreifen eine Habituation eingetreten und schaut das Kind das darauf folgende Bild mit schmalen Blockstreifen wieder aufmerksam an, so kann man davon ausgehen, daß es diese beiden Reize unterscheiden kann.

An die „Dia-Phase" schließen sich weitere Angebote an. So z.B. die Arbeit mit einer Taschenlampe, die in einem dunklen Raum an verschiedenen Orten aufleuchtet. Durch die Beobachtung der Reaktionen des Kindes läßt sich dessen individuelle Gesichtsfeld eingrenzen, in dem es sinnvoll ist, ihm Gegenstände anzubieten. Eine weitere Möglichkeit ist das Anstrahlen bekannter Gegenstände.

Abb. 28 *Farbige Papp-Röhren (Körperbehindertenschule Hemer)*

Abb. 29 *Spiegelkarussell*
(Firma Holzmann's)

Diese „Sehspiele" können auch in einem normal beleuchteten Raum stattfinden, man sollte nur darauf achten, daß jeder Gegenstand vor einem neutralen Hintergrund gezeigt wird und daß der Schüler ihn anschließend befühlen kann und daß er benannt wird. Die Präsentation der Dinge sollte auch immer in einem Licht geschehen, daß die Konturen gut hervorhebt (Figur-Hintergrund-Kontrast). Zur visuellen Stimulation in der Selbstbeschäftigung können Mobiles benutzt werden, die so groß und kontrastreich wie möglich gestaltet sein sollten. Auch die Rotation von Pappröhren mit schwarz-weißen oder farbigen Streifen o.ä., die auf einen Plattenspieler gestellt werden, fasziniert viele Kinder.

Mit einer Spiegelkugel, die an der Decke befestigt und angestrahlt wird, können wandernde Lichtpunkte in den Raum gezaubert werden. Den gleichen Effekt bietet auch ein Spiegelkarussell, das in den meisten Fällen von den Kindern selbständig in Bewegung gesetzt werden kann.

Das Spiegelkarussell besteht aus einer runden Scheibe, auf der dreieckige Spiegel aufgesetzt sind. Diese Scheibe ist mit Schnüren an einem Stab befestigt, der in der Mitte der Scheibe steckt. So kann sich die Spiegelscheibe rund um den Stab drehen. Wird das Karussell erst einmal in Bewegung versetzt, so schwingt es recht lange hin und her und wirft dabei je nach Lichteinfall wandernde Lichtpunkte in den Raum. Bei diesem Förderangebot sollte man nur darauf achten, daß das Karussell in Blickrichtung des Kindes steht, damit es auf die optischen Reize aufmerksam wird und sie mit seinen Handlungen in Verbindung bringt.

☐ **Babytalk**

Neben dem schon erwähnten Sprachhandeln und der kindzentrierten Gesprächsführung ist noch eine andere Gesprächsform, besonders auf der ersten Entwicklungsstufe, maßgeblich, gemeint ist der von FRÖHLICH (1991) vorgestellte „Babytalk".

Diese strukturierte Kommunikation orientiert sich an der frühen Interaktion und Kommunikation zwischen Säugling und Eltern, die in allen Kulturen in gleicher Weise zu finden ist. Sie ist eine typisch und spezifisch menschliche Form der Verständigung auf unterster Stufe. Sie ist gekennzeichnet durch eine häufige Zuwendung des Gesichts direkt von vorn und häufiger Wiederholung von einfachen Botschaften, die sowohl stimmlich wie mimisch in einfacher und akzentuierter Form dargeboten werden. Der Erwachsene imitiert die Lautäußerungen des Kindes. Diese Art der Kommunikation ist für den Schwerstbehindertenbereich gerade deshalb so interessant, weil auch die Säuglinge am Beginn ihrer Sprachentwicklung stehen und noch kein Sprachverständnis besitzen, wie die Kinder der ersten Gruppe.

Obwohl die Sprachinhalte in dieser Phase noch keine Rolle spielen, sollte doch darauf geachtet werden, daß man sich in der Interaktion dem chronologischen Alter des Kindes anpaßt, denn „die Seele dieses behinderten Menschen ist nicht die Seele eines Babies. Sie ist 6, 8, 15 oder mehr Jahre auf dieser Erde und hat viele Empfindungen, Gefühle, Erfahrungen erlebt und gespeichert, von denen wir keine Ahnung haben" (KUNERT 1988, S.4 zit. n. SEVENIG 1991, S.57).

Das Vorgehen bei der Kommunikation mit schwerstbehinderten Kindern vollzieht sich wesentlich reglementierter als bei Säuglingen, da sie uns so ungewöhnlich und oft lächerlich vorkommt, daß sie regelrecht geübt werden muß. Man wählt zunächst eine Vis-à-vis-Position im Abstand von ca. 25–30 cm und bietet dem Kind etwa 1 min lang ein mimisch-stimmliches Angebot von Babytalk an, dann gibt man dem Kind die Möglichkeit, selbst Laute zu produzieren, was u.U. recht lange dauern kann. Diese Äußerungen sollten dann sofort exakt wiederholt werden. Nach einer Phase des Vertrautwerdens mit dieser Art der Zuwendung sollte man den Babytalk zu einer Art Ritual machen. Zu Beginn nähert man sich dem Kind immer mit der gleichen Anrede, damit es merkt, daß die Stimme zu ihm kommt. Die Unterhaltung in der Vis-à-vis-Position wird durch einen ritualisierten Körperkontakt und eine gleichbleibende Anrede eingeleitet. Bei Ermüdung des Kindes erfolgt dann die Verabschiedung auf umgekehrtem Weg wie die Begrüßung.

Gemeinsame Aktivitäten sollten etwa eine halbe Minute vorher durch eine immer gleichbleibende Benennung angekündigt und auf die gleiche Weise auch beendigt werden. Dabei ist wichtig, daß von allen Personen die gleichen eindeutigen Formulierungen benutzt werden, um dem Kind einen Bedeutungszusammenhang zwischen Mimik, Stimme, Person und Aktivität und dadurch einen ersten Wortschatz zu vermitteln.

Sprachähnliche Äußerungen des Kindes werden durch intensive Wiederholungen von dem Betreuer weiter verstärkt, damit das Kind lernt, „daß seine eigene Stimme unter bestimmten Umständen Wirkung hat, daß es mit stimmlich-lautlichen Äußerungen etwas bewirken kann" (FRÖHLICH 1991, S. 181).

Bei schwerstbehinderten Kindern spielt dies vor allem bei Entscheidungsfragen eine Rolle. Obwohl es bei anarthrischen Kindern unmöglich ist, eine verständliche Lautsprache anzubahnen, so sollten doch Ja/Nein-Artikulationen und Reaktionen verstärkt werden. Dies geschieht am effektivsten durch das vermehrte Einbeziehen in alltägliche Entscheidungssituationen, die das Kind selbst betreffen.

Förderung der Gruppe 2

Die Kinder der zweiten Entwicklungsgruppe besitzen bereits Sprachverständnis und senden auch schon kommunikative Reaktionen in Form von körpereigenen Signalen, wie Mimik, Gestik und Lauten aus. Diese Signale werden jedoch nur von den engsten Bezugspersonen verstanden, die das Kind so gut kennen, daß sie sich in sein Empfinden hineinversetzen können. Aber auch dann kommt es noch häufig zu Mißverständnissen, die für beide Seiten recht unbefriedigend sind. Das Kind zieht sich in einfachste Zeichensysteme zurück, die meist nur aus Ja/Nein-Antworten bestehen, Kommunikation mit diesen Kindern beschränkt sich oft auf antizipatorische Fragen bezüglich möglicher Bedürfnisse, Wünsche, Gefühle. Eine differenzierte Interaktion ist meist noch nicht möglich. Und genau diese differenziertere, eindeutigere und auch für Außenstehende verständlichere Kommunikation gilt es anzubahnen.

☐ Entscheidungssituationen

Das Abverlangen von Zustimmungs- und Ablehnungsreaktionen auf Entscheidungsfragen seitens des Lehrers soll auch in der Förderung der zweiten Gruppe weiter beibehalten werden. Da aber gerade die Ja/Nein-Signale bei nichtsprechenden Menschen z.T. hochgradig idiosynkratischen Charakter annehmen, kann man nicht immer davon ausgehen, daß Kopfnicken und -schütteln eines behinderten Kindes die gleiche Bedeutung haben, wie diese kulturell festgelegten Gesten in der Allgemeinheit. Auch das Lachen oder das Verziehen des Gesichts kann durch die starke Verspannung der Gesichtsmuskulatur und das Grimassieren bei cerebral bewegungsgestörten Kindern nicht immer als Freude oder Ablehnung gedeutet werden. Einige Kinder benutzen auch Augenbewegungen, Vokalisationen, Hand- oder Fußzeichen, um Ja oder Nein anzuzeigen.

Einführung von Ja/Nein-Symbolen. Um diese vielfältigen und für Außenstehende mißverständlichen Signale zu umgehen und die betroffenen Schüler gleichzeitig in einen anderen, externen Kommunikationsmodus einzuführen, bieten sich sichtbar und für das Kind erreichbar positionierte Ja/Nein-Karten an, auf die gezeigt oder geblickt werden kann.

Anfangs ist es sinnvoller, Symbole für Ja und Nein einzuführen, da diese leichter für das Kind zu erfassen sind als das Schriftbild. Eignen würden sich z.B. die allgemeinverständlichen Abbildungen eines lachenden Gesichts für „Ja" und eines traurigen Gesichts für Nein. Um die Unterscheidung noch durch ein weiteres optisches Signal zu verstärken und zu erleichtern, kann das Symbol für „Ja" grün unterlegt oder umrandet werden und das Symbol für „Nein" mit Rot (Signalfarben der Ampel). Neben den Gesichtern können auch schon die entsprechenden Piktogramme oder Symbole von Löb und Bliss (vgl. dort) benutzt werden, dies ist vor allem dann sinn-

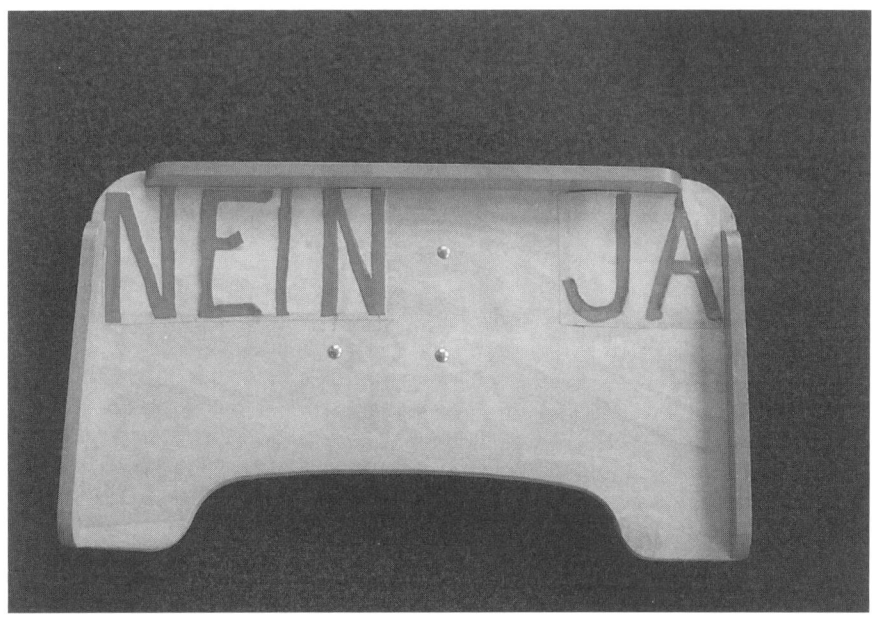

Abb. 30 *Ja/Nein-Tisch (Körperbehindertenschule Volmarstein)*

Abb. 31 *Ja/Nein-Karten (Körperbehindertenschule Volmarstein)*

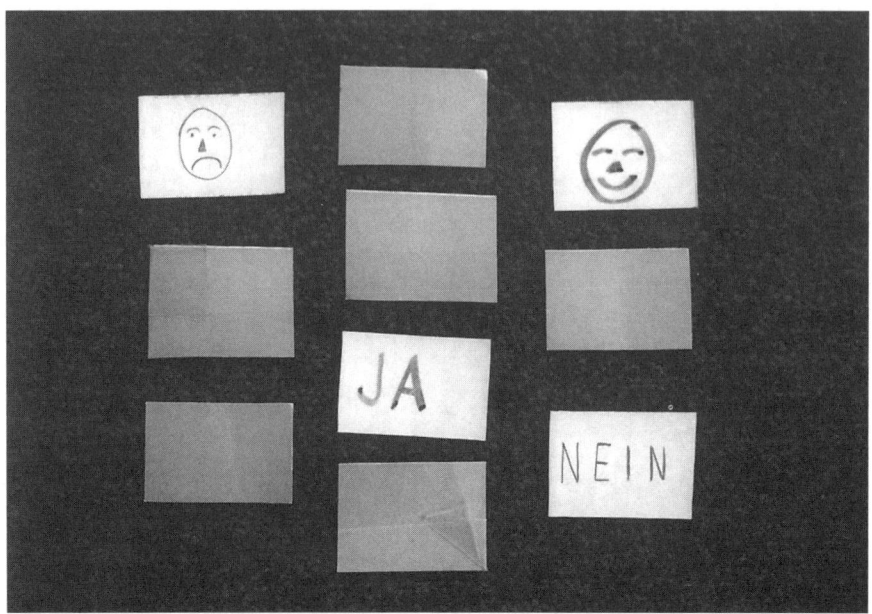

Abb. 32 *Ja/Nein-Memory (Körperbehindertenschule Volmarstein)*

Abb. 33 *Kommunikator (Firma Holzmann's)*

voll, wenn diese Symbolsprachen für die Zukunft angestrebt werden. Um die Verständlichkeit für Außenstehende zu erleichtern, sollten über den Abbildungen jedoch auch die Worte stehen. Bei Kindern, die lesen lernen oder schon lesen können, scheint es angebracht, nach einer kurzen Übergangszeit nur noch das Wort anzubieten.

Eine Möglichkeit der spielerischen Einübung bzw. Vertiefung des Zusammenhangs und der Bedeutung von Symbol und Wort stellt das Ja/Nein-Memory dar, bei dem Wort und Symbol ein Paar bilden.

Kommunikator. Ein technisches Hilfsmittel für die Ja/Nein-Kommunikation bietet z.B. der „Kommunikator". Dieses Gerät wendet sich an Schüler und Schülerinnen, die mit dem Ja/Nein-Training begonnen haben.

In der Mitte des Gerätes befindet sich ein Rahmen, in den Bild- oder Wortkarten gelegt werden können. Das Kind hat nun die Möglichkeit, durch Druck auf den grünen Schalter mit „Ja" und durch Bedienen des roten Schalters mit „Nein" zu antworten. So lassen sich von dem Schüler u.U. auch Multiple-choice-Aufgaben bewältigen. Zum anderen haben auch die Mitschüler die Gelegenheit zu sehen, was der Betreffende geantwortet hat, da nach der Bedienung ein entsprechendes farbiges Feld aufleuchtet. Auf diese Weise kann der Schüler aktiv am Unterricht teilnehmen und sich als Mitglied der lernenden Klassengemeinschaft erleben.

☐ Drehlotto

Das Drehlotto wurde in Zusammenarbeit mit dem Projekt zur „Förderung schwerstcerebralparetischer Kinder und Jugendlicher" entwickelt. Es besteht aus einem Holzgestell mit zwei bzw. drei würfelförmigen Steckwalzen, die sich um ihre Mittelachse drehen lassen, so daß jeweils vier Seiten pro Walze zur Verfügung stehen. Das Drehlotto ist so konstruiert, daß die Walzen auch mit groben Schlag- oder Greifbewegungen in Drehung versetzt werden können. Dies befähigt auch Schüler mit spastischen und athetotischen Bewegungen zu einer guten Bedienung. Dazu wird ihnen das Drehlotto auf einem geeigneten Tisch angeboten, oder die Kinder werden auf dem Bauch über einen Keil gelegt, was häufig die Bewegungsmöglichkeit der Arme und die Greiffähigkeit der Hände verbessert.

Eine Fördersituation mit dem Drehlotto könnte auf dieser Entwicklungsstufe so aussehen: Die Walzen werden mit postkartengroßen Karten bestückt, auf denen verschiedene Materialien aufgeklebt sind, die selbständig ertastet werden können. Als weiterführende Variante können zwei bis drei Walzenflächen mit dem gleichen Material ausgestattet werden. Das Kind soll die zusammengehörenden Flächen suchen und auf eine Ebene bringen. Dieses Prinzip läßt sich auch mit Dingen von gleicher Form oder Farbe oder mit der Vorder- und Rückseite eines Gegenstandes oder Tieres durchführen.

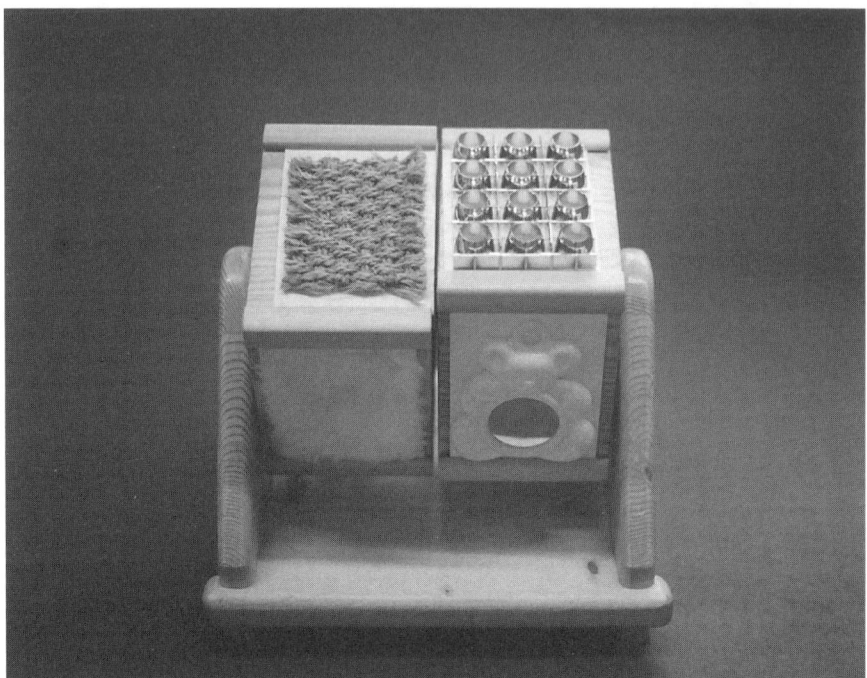

Abb. 34 *Drehlotto (Firma Holzmann's)*

Die Voraussetzungen für diese Leistungen sind kognitive Fähigkeiten, wie zugehörige Teile erkennen, zuordnen können und evtl. die Bedeutung der gezeigten Gegenstände erkennen.

Förderung der Gruppe 3

Die Kinder der Entwicklungsgruppe 3 sind schon in der Lage, erste eigeninitiierte Signale auszusenden und somit aktiv in Interaktion zu treten. Diese Signale gilt es auszubauen, um dem Kind weiterführende Kommunikationsmöglichkeiten anzubieten. Ein Ziel wäre es, ein sprachersetzendes Ausdruckssystem in Form eines Symbolsystems, wie Löb oder Bliss, oder der Schriftsprache anzubahnen. Dazu ist zunächst die Überprüfung und Entwicklung des Symbolverständnisses notwendig.

☐ Vom Konkreten zum Abstrakten

Die unterste Abstraktionsstufe in diese Richtung besteht in der unmittelbaren Auswahl von Gegenständen durch Zeigen (direkte Selektion). Dies kann in jeder Alltagssituation vorgenommen werden, z.B. beim Frühstück, indem man in die Reichweite des Kindes mehrere Brotaufstriche stellt und das Kind durch Zeigen, und nicht durch Beantworten von Auswahlfragen, das Gewünschte auswählt.

Um eine eindeutige Reaktion zu erlangen, muß vorher durch genaues Beobachten festgestellt werden, mit welchen Körperteilen dem Kind Willkürmotorik am ehesten möglich ist. Innerhalb des Radius dieses Körperteils sollten dann die Gegenstände aufgestellt werden. Für die direkte Selektion eignen sich die Arme und Beine am besten. Kann jedoch nur der Kopf willkürlich bewegt werden, so ist zu überlegen, ob mittels eines geeigneten Schalters (vgl. dort) eine elektrische Auswahlhilfe angesteuert werden kann.

Auswahl-Board. Eine solche Auswahlhilfe bietet z.B. die Firma RolliCom in Form eines Boards mit acht Feldern an, auf die Gegenstände gestellt werden können. Unterhalb der Felder befinden sich jeweils drei grüne Lämpchen. Das Licht wandert von einem Feld zum anderen und kann vom dem Benutzer mittels Schalterdruck angehalten werden und so den gewünschten Gegenstand anzeigen. Um der individuellen Leistungsfähigkeit des jeweiligen Benutzers gerecht zu werden, ist die Geschwindigkeit, mit der das Licht weiterspringt, regulierbar.

Fotoserien. Eine weitere Abstraktionsstufe ist der Übergang von realen Gegenständen zu Fotos. Das Kind muß dazu in der Lage sein, die abgebildeten Gegenstände zu erkennen und zuordnen zu können. Um ihm dies zu erleichtern, kann man neben dem optischen Eindruck auch andere Sinne wie Riechen und Schmecken mit einbeziehen.

Mit Hilfe von Fotos oder Abbildungen von Familienmitgliedern, alltäglichen Gegenständen und Nahrungsmitteln kann eine erste Kommunikationsmappe hergestellt werden, mit der das Kind seine eigeninitiierten Kommunikationssignale weiter präzisieren kann.

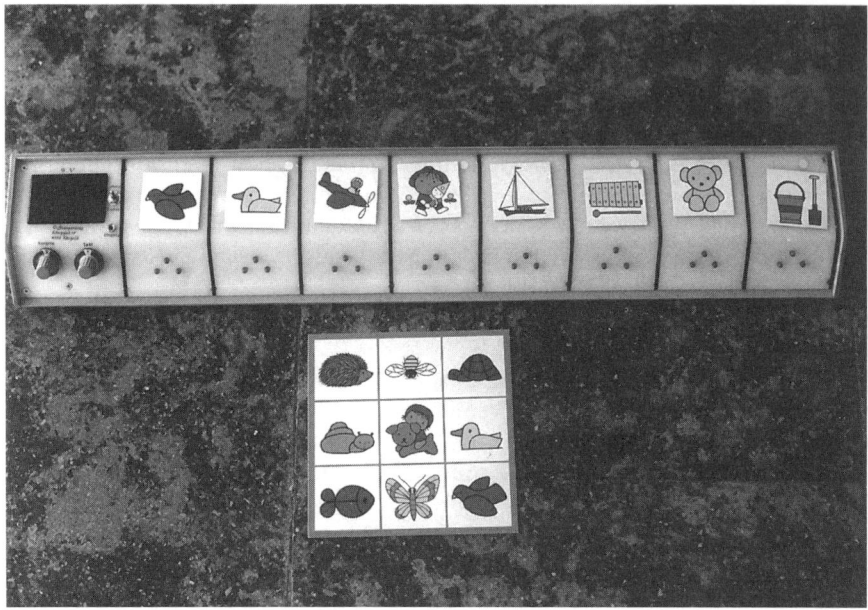

Abb. 35 *Auswahl-Board (Firma RolliCom)*

Auch hier läßt sich das bereits beschriebene Drehlotto einsetzen, so können z.B. Fotos aus dem direkten Umfeld des Kindes oder zu dem derzeitigen Unterrichtsthema auf die Walzen gesteckt werden. Die Aufgabe besteht dann im Wiedererkennen und „Benennen" durch Suchen und Zeigen. Oder die Walzen werden mit auf die jeweilige Situation bezogenen Abbildungen bestückt (z.B. Frühstück), und das Kind soll auf die Frage des Lehrers mit der Benutzung des Drehlottos antworten (Frage-Beispiel: „Zeige mir, was du essen möchtest!").

Recht umfangreiche Fotoserien zu den Gebieten Umwelt, Mensch, Einkaufen, Hauswirtschaft und Obst- und Gemüseschneiden bietet die Firma Holzmann's an. Die Serien bestehen aus Farbfotos, die in Plastik eingeschweißt wurden und dadurch recht robust und abwaschbar sind. Sie passen in ihren Maßen (ca. Din A6) genau in das Drehlotto, was eine selbständige Auswahl für das Kind erleichtert. In den meisten Fällen sind sie in eine Unterrichtseinheit eingebunden, zu der noch andere Materialien angeboten werden. Die Serie „Umwelt" umfaßt die meisten Gegenstände und Orte, die dem Kind im alltäglichen Leben begegnen. Die Serie „Mensch" zeigt Personen in unterschiedlichem Lebensalter, Körperteile und den Ausdruck von Gefühlen. Die Unterrichtseinheit „Einkaufen" besteht aus 32 größeren Fotobildkarten (15x19 cm), die in einem Ringordner eingeheftet sind, und 32 kleineren Bildkarten (7x10 cm) mit den gleichen Motiven und einem dazugehörigen Steckordner.

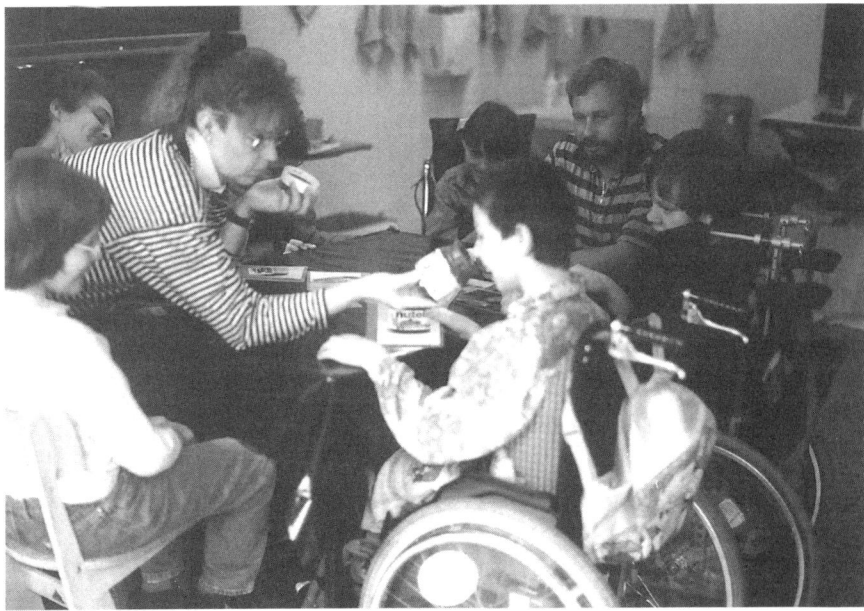

Abb. 36 und 37 *Unterrichtssituation (Körperbehindertenschule Volmarstein)*

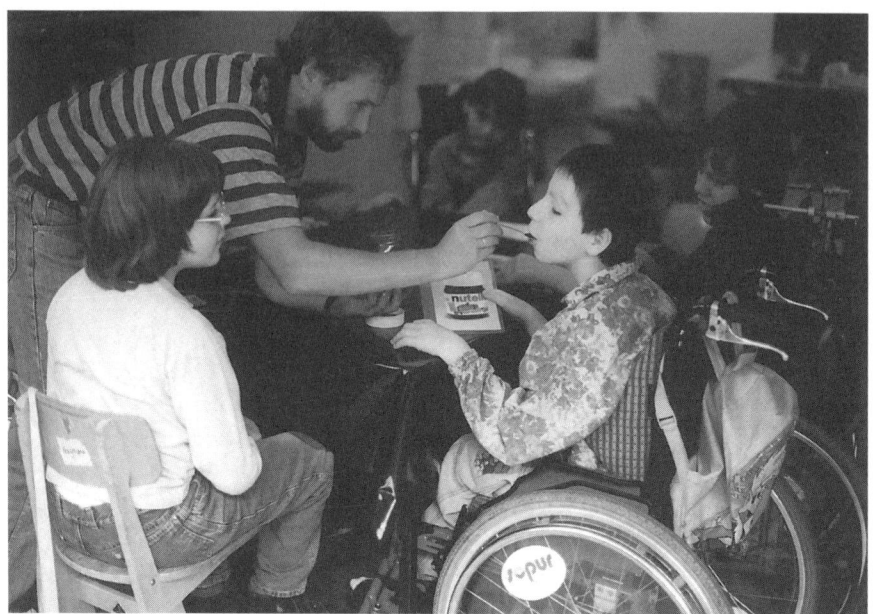

Abb. 38 *Unterrichtssituation (Körperbehindertenschule Volmarstein)*

Abb. 39 *Foto-Mappe (Körperbehindertenschule St.Augustin)*

Abb. 40 *Fotoserie „Umwelt" (Firma Holzmann's)*

Abb. 41 *Fotoserie „Mensch" (Firma Holzmann's)*

Abb. 42 *Fotoserie „Einkaufen" (Firma Holzmann's)*

Abb. 43 *Fotoserie „Hauswirtschaft" (Firma Holzmann's)*

Abb. 44 *Unterrichtseinheit „Obst- und Gemüseschneiden" (Firma Holzmann's)*

Abb. 45 *Anziehpuppe „Hanni" (Firma Holzmann's)*

Auf den Fotos ist alles abgebildet, was man für ein ausgiebiges Frühstück braucht (verschiedene Wurst-, Käse-, Brotsorten und Getränke). So können diese Gegenstände erarbeitet werden, z.b. als Auswahlangebot, oder man kann sie zum Einkaufen benutzen. Dazu läßt man die Kinder aus den großen Fotos die gewünschten Lebensmittel aussuchen und steckt dann die entsprechenden kleinen Bilder in die Mappe. Diese kann dann als Einkaufszettel mit in den Laden genommen werden und ermöglicht so dem nichtsprechenden Kind einige Selbständigkeit.

Zu einer weiteren Unterrichtseinheit gehört die Fotoserie „Hauswirtschaft". Da auf diesen Karten nicht nur alle Kochzutaten abgebildet sind, sondern auch alle benötigten Küchengeräte, eignen sie sich besonders gut für die bildliche Beschreibung eines Arbeitsvorganges oder für die Zusammenstellung eines Rezepts. Die Schüler können so, ohne lesen zu müssen, selbständig einen Arbeitsvorgang vornehmen und lernen dabei gleichzeitig, die Tätigkeiten in einer sinnvollen Reihenfolge zu ordnen. In den Hauswirtschaftsunterricht gliedert sich auch die Unterrichtseinheit „Obst- und Gemüseschneiden" ein. Zu den je vier Bildkarten mit realen Obst- und Gemüsesorten gehören noch vier Obst- und Gemüseteile aus Holz mit den entsprechenden Abbildungen auf Fotos. Die Obst- und Gemüseteile aus Holz bestehen jeweils aus zwei bis vier Teilen, die mit Klettverschluß verbunden sind. Mit einem Holzmesser lassen sie sich wieder zerteilen, dabei entsteht ein relativ echtes Schneidegeräusch und Schneidegefühl.

Dieses Material bietet eine spielerische Vorbereitung auf den Hauswirtschaftsunterricht. Im Hinblick auf die Vorbereitung auf Symbole lassen sich mit ihm die Abstraktionsschritte zwischen: realem Gegenstand – Foto des realen Gegenstands – vereinfachte Nachbildung aus Holz – Foto der Nachbildung vollziehen.

Anziehpuppe „Hanni". Ein weiteres Medium für die Hinführung vom Realen zum Abstrakten ist die Anziehpuppe „Hanni". Hanni bietet neben ihrer Eigenschaft als Spielgegenstand und Ansprechpartnerin, noch die Funktion als Anschauungs- und Übertragungsobjekt. So kann z.B. im Anschluß an das Unterrichtsthema „Körperschema" alles das, was am eigenem Körper erfahren wurde, auf die Puppe übertragen werden (Zuordnung von Kopf und Beinen usw.). „Also weg vom eigenen Körper – hin zum Abbild, das bedeutet eine neue Abstraktionsstufe. In diesem Fall ist das Abbild greifbar, handlich und anschaulich. Von daher ist der Abstraktionsschritt nicht ganz so groß" (HOLZMANN 1988, S.32).

Als neue Komponente kommen nun noch die Kleidungsstücke hinzu, deren Benennungen spielerisch erarbeitet werden können. Hannis Kleidungsstücke entsprechen dem, was ein Kind normalerweise auch anzieht (Unterwäsche, Strümpfe, Pullover, Hose, Schuhe, Anorak). So können die Kinder Hannis Kleidungsstücke mit ihren eigenen vergleichen. Zudem sind bewußt an jedem Kleidungsstück andere Verschlüsse. In vielen variablen Spielsituationen können die Möglichkeiten von Hanni zusammen (Schüler, Lehrer; Schüler, Schüler) entdeckt werden. Zu Hannis Kleidungsstücken gibt es wieder eine Fotoserie, auf der einzelne Stücke gut vom Hintergrund abgehoben sind, um die Identifizierung zu erleichtern. Desweiteren gibt es dazu Arbeitskarten mit Schwarzweiß-Zeichnungen der Kleidungsstücke und Wortkarten mit deren Namen.

Die erste Abstraktionsstufe besteht in der Zuordnung der Kleidungsstücke zu den Fotos. Als nächsten Schritt auf dem Weg zum Zeichen kann man die realen Gegenstände ganz weglassen und nur mit den Fotos arbeiten, z.B. mit Ja/Nein-Fragen: „Ist das der Pullover von Hanni?", usw. Hier besteht auch die Möglichkeit der Kontrolle durch das Einbauen kleiner „Fallen". Auf der nächsten Abstraktionsstufe werden die Zeichnungen eingesetzt, bei denen man ganz bewußt auf die Farbe als Informationsträger verzichtet hat, damit der Schritt zum Symbol nicht zu groß wird. HOLZMANN (1988, S.33 f.) schlägt vor, auf dieser Ebene so lange zu verweilen, „bis das Kind die Zeichnung sicher erkennt und in irgendeiner, ihm gemäßen Form, benennt".

Ist diese Stufe erreicht, kann zu den entsprechenden Bliss-Symbolen übergegangen werden. Oder man geht den Weg über das Schriftbild mit dem Einsatz der Wortkarten. Hanni eignet sich so zum Einsatz auf verschiedenen Leistungsstufen, ohne ihre Attraktivität zu verlieren.

□ Kommunikation über grafische Symbolsysteme

Ist das Sprachverständnis und das Abstraktionsvermögen so weit ausgebildet, steht die Überlegung an, ob mit dem Schriftspracherwerb als allgemein anerkannte und verständliche Kommunikation begonnen werden soll, oder ob man einer Symbolsprache, die zunächst einfacher zu erlernen ist und eine schnellere Kommunikation ermöglicht, den Vorzug gibt. Da die Symbolsprache dem Kind schneller ein Erfolgserlebnis vermittelt und „bei vielen Kindern eher den Intellekt freilegt, als dies mittels der Schriftsprache möglich ist" (OSKAMP 1989, S.95), wird diese sprachersetzende Ausdrucksform zuerst vorgestellt.

Es gibt eine Reihe grafischer Symbolsammlungen und -systeme, die eigens für nichtsprechende Menschen entwickelt worden sind. Besonders im englischsprachigen Raum sind mehrere Systeme verbreitet: PIC, PICSYMS, PCS, Oakland Picture Dictionary, Talking Pictures, Touchn Talk, Core Picture Vocabulary u.a.. Bei uns sind hauptsächlich die Bliss-Symbole und das Löb-System bekannt und verbreitet.

Die Auswahl eines bestimmten Symbolsystems sollte auf die individuellen Bedürfnisse des Benutzers abgestimmt sein, die Leitfrage dazu lautet: „Welche grafischen Symbole oder welche Kombination davon ist im Hinblick auf die gegenwärtige und zukünftige Situation des Symbolbenutzers und seine Kommunikationsbedürfnisse am sinnvollsten? Dabei sollte man diejenigen grafischen Symbole auswählen, die entsprechend den kognitiven Fähigkeiten des Anwenders die weitreichendsten

Möglichkeiten bieten und somit dazu beitragen, eine kommunikative Kompetenz auf dem höchstmöglichen Niveau anzustreben" (McNAUGHTON 1988, zit. n. FRANZKOWIAK 1990, S. 14).

Die leichte Erlernbarkeit darf dabei also nicht zum wichtigsten Kriterium werden. Falls es der Verbesserung der Verständigungsmöglichkeiten der Symbolbenutzer dient, sollte man sich jedoch auch nicht scheuen, Symbole aus anderen Systemen mit einzuarbeiten.

Löb-System. Eines der einfachsten Symbolsysteme entwickelte Reinhold LÖB „als Einstieg in die Kommunikation mit nichtsprechenden oder erst die Sprache erlernenden Kindern" (LÖB 1985, S.2). Das System umfaßt 60 Symbole aus den Bereichen

– Allgemeine Verständigungszeichen,

– Eigenschaftswörter – Gesundheitsfürsorge,

– Nahrungsmittel – häusliche Gegenstände,

– Körperhygiene,

– Spielen und Beschäftigung,

– Religion – Gefühl – Arbeit.

Abb. 46 *Auswahl aus dem Löb-System (Firma Löb)*

Die Symbolsammlung besteht aus postkartengroßen Pappkarten (passend für das Drehlotto), die mit oder ohne aufgedruckte Wortbedeutung zu beziehen sind. Die Piktogramme sind als schwarze Linienzeichnungen auf weißem Untergrund gestaltet. Die Darstellungen beschränken sich auf einen klar hervorgehobenen Gegenstand oder eine angedeutete Geste. Das Ziel dieses piktographischen Systems ist nach LÖB (1985), den Kindern die Möglichkeit zu geben, ja sie zu lehren, Wünsche und Bedürfnisse zu äußern, um sie aus ihrer Isolation und Abhängig-keit herauszuholen. Aus diesem Grund lauten für ihn die zwei wichtigsten Wörter „ich will".

Die Anwendung ist für den Benutzer wesentlich einfacher als das nachfolgend beschriebene Bliss-System, und gerade deshalb ist das Löb-System als Vorstufe zu abstrakteren und vielfältigeren Zeichensystemen bzw. mehr für geistig behinderte Körperbehinderte geeignet. Der grammatikalische Satzbau, die verschiedenen Wortarten und Zeitformen werden hier überhaupt nicht benutzt. Der Anwender reiht einzelne Wörter aneinander und es bleibt dem Kommunikationspartner überlassen, die Aussagen richtig zu deuten, wobei es natürlich, je nach Kontext, eine Vielzahl von Möglichkeiten gibt. LÖB (1985, S.4) gibt dazu selbst, allerdings unter dem positiven Vorzeichen der Bedeutungs- und Nutzungsvielfalt, als Beispiel das Symbol für „trinken" an, das je nach Situation bedeuten kann:

– „ich will bitte irgendetwas trinken";

– „ich möchte mein Lieblingsgetränk";

– „ich habe gerade etwas Gutes getrunken und möchte noch mehr".

Diese Vielfältigkeit der Bedeutungen könnte natürlich auch den Vorteil haben, daß sich das Kind für mehrere Situationen nur ein Symbol merken muß. Besteht aber nicht auch hier die Gefahr, mißverstanden zu werden, was diese nichtsprechenden Kinder bisher schon zur Genüge erfahren haben? Sie bleiben auch mit den Löb-Karten immer auf das einfühlsame Nachfragen und das Wohlwollen des Gesprächspartners angewiesen, der zudem ja auch eine Vorauswahl der Symbole trifft, so daß das Kind noch nicht einmal das Gesprächsthema selbst bestimmen kann.

Falls ein bestimmtes Symbol, das für das einzelne Kind eine besondere Bedeutung hat, fehlt und es nur durch umständliche Umschreibung zu erklären ist, kann der Betreuer individuell für das Kind neue Piktogramme entwerfen und einsetzen. In diesem Fall ist das Löb-System nicht so streng reglementiert wie die Bliss-Symbol-Kommunikationsmethode.

Die Einführung bzw. Anwendung der Symbole sollte in alltäglichen Situationen geschehen, z.B. beim Essen, bei der Pflege, beim Spiel usw. Dort ergeben sich genügend Anlässe, um die Symbole durch die realen Situationen bzw. Gegenstände zu verdeutlichen, zudem sind dann auch die Kontrollmöglichkeiten gegeben, um festzustellen, ob das Kind den Sinn der einzelnen Symbole verstanden hat und sie in Entscheidungssituationen anzuwenden weiß.

Schwieriger ist die Vermittlung der Gefühlsbegriffe, der Mengenverhältnisse und der Oberbegriffe. LÖB sagt zu deren Einführung: „Je weniger sich ein Kind unter einem Begriff vorstellen kann, um so mehr müssen für die Entwicklung und den Aufbau des Begriffs konkrete Situationen und Beispiele, Gegenstände, Fotos, Bilder und Zeichnungen eingeschaltet werden. ... In der Regel wird es genügen, ein Symbol exemplarisch an ein oder zwei Beispielen einzuführen (z.B. Obst: Apfel). Anschließend wird der Begriff durch viele Beispiele ausgeweitet (z.B. Obst: Apfel, Birne, Banane, Orange usw.)." (LÖB 1985, S.5)

Dadurch, daß das System fast nur mit Oberbegriffen arbeitet, bleibt dem Kind keine konkrete Wahl zwischen den einzelnen Dingen. Es ist somit immer noch auf die Fragen des Betreuers angewiesen (z.B.: Kind zeigt auf Süssigkeiten, und der Betreuer fragt nach: Willst du Schokolade? Willst du Eis? usw.).

LÖB (1985) sieht dieses Stadium dann als geeigneten Zeitpunkt an, die Symbole für „Ja" und „Nein" einzuführen, die bei ihm die Doppelbedeutung „ja/gut" und „nein/ schlecht" haben und deren jeweilige Anwendung durch Gesten und Gebärden unterschieden wird:

Ja = Kopfnicken

Nein = Kopfschütteln

gut = Daumen zeigt nach oben

schlecht = Daumen zeigt nach unten.

Diese Gebärden müssen natürlich je nach Grad der Bewegungsbeeinträchtigung modifiziert und individualisiert werden, wenn sie überhaupt möglich sind.

Für jedes Symbol wird eine entsprechende Geste angegeben, die gleichzeitig mit dem gesprochenen Wort angeboten werden sollte, um die Bedeutung des Symbols noch einmal auf andere optische Art darzustellen und zu verdeutlichen. LÖB (1985) schränkt dann auch ein, daß je nach Behinderungsart diese Hilfen später zurückgenommen werden können.

Die Symbole sollten selbstverständlich in der Umgebung des Kindes leicht verfügbar sein, damit ihm jederzeit die Möglichkeit gegeben ist, sie zu nutzen.

Bliss-Symbol-Kommunikationsmethode. 1971 wurde das internationale Symbol-System von Charles K. Bliss vom Ontario Crippled Children's Centre in Toronto, Kanada, als Kommunikationssystem für nichtsprechende Menschen entdeckt.

Bliss entwickelte seine Symbolsprache 1942–65 als ein grafisches System, das von Menschen unterschiedlicher Sprachen gelesen und ohne Mißverständnisse verstanden werden konnte. Zur Anwendung kam es jedoch erst 1971 in dem Behindertenzentrum von Toronto. FREY (1987, S.9) beschreibt, daß das Bliss-Symbolsystem besonders deshalb ausgewählt, adaptiert und weiterentwickelt wurde, „weil es

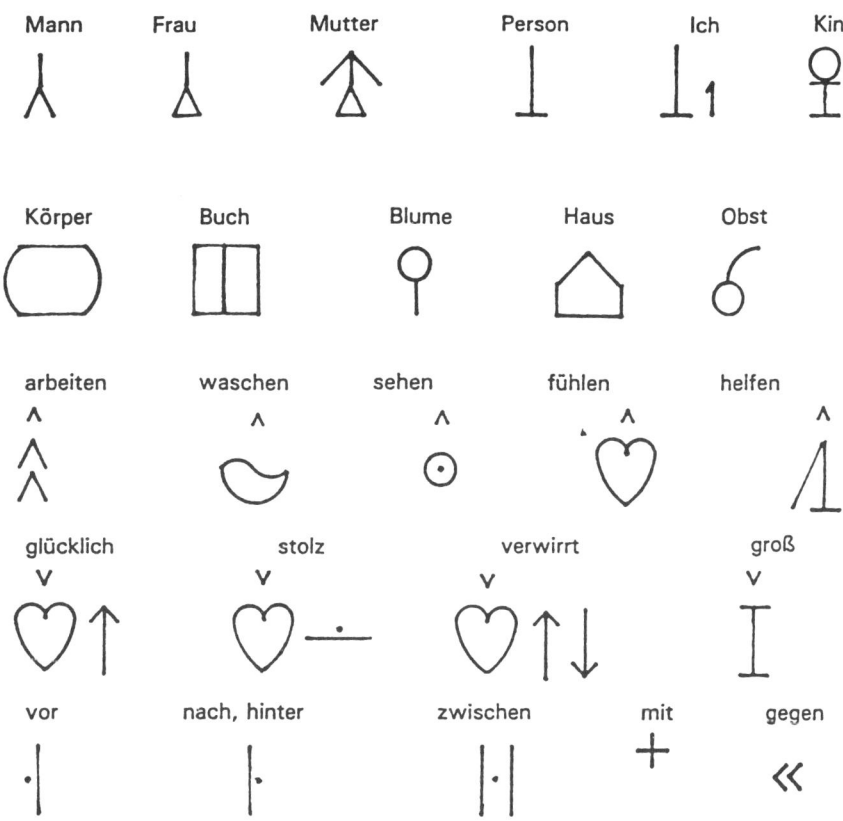

Beispiele für Bliss-Symbole

sowohl von Lesern als auch von Nichtlesern benutzt werden konnte (z.B. Zeigen mit den Augen, Anhalten von Lichtpunkten auf dem gewünschten Symbol etc.). Außerdem genügte für die meisten Symbolbenutzer eine Symboltafel oder -karte als Kommunikationsmittel." Weitere Gründe sind, daß die Symbole auf Wortinhalt und -bedeutungen basieren und daher das Sprachverständnis erweitern können. Zudem geben die Symboltafeln eine ständige visuelle Unterstützung und trainieren die Wahrnehmung.

Aufgrund der starken Bewegungseinschränkungen von Cerebralparetikern ist auch die Zahl der Symbole, die sie überschauen und eindeutig zeigen können, nicht unbegrenzt. Dadurch jedoch, daß die Bliss-Symbole und -Symbolelemente miteinander kombinierbar sind und mit verschiedenen Strategien verändert werden können (die Symbole bestehen aus ca. 25 Einzelelementen, die inzwischen zu etwa

1400 standardisierten Symbolen zusammengesetzt worden sind), kann die Anzahl der Symbole, die dem Benutzer erreichbar sein müssen, problemlos eingeschränkt werden.

Viele Symbole sind piktographisch und ähneln den dargestellten Objekten, andere wiederum sind abstrakt und verdeutlichen meist eine Vorstellung (z.b. Verstand, Jahr, brauchen). Es gibt aber auch international festgelegte Zeichen wie + = und, – = ohne usw. Auch die Größe eines Symbols beeinflußt die Bedeutung. So wird z.b. das Symbol für „Tat", verkleinert über einem anderen Symbol, zum Tätigkeitszeichen, das beispielsweise das Herzsymbol von „Gefühl", zum „fühlen" macht. Es gibt unzählige Varianten.

Die Symbole werden für jedes Kind individuell zusammengestellt, je nach dessen Bedürfnissen. Man fängt langsam mit wenigen lebenswichtigen Symbolen an, wie Ja, Nein, Essen, Trinken u.ä. Diese Zeichen werden anfangs noch als reale Dinge oder Fotos angeboten, um das Kind daran zu gewöhnen, daß ein bestimmtes Bild eine bestimmte Bedeutung hat.

Die Kommunikation über Bliss ist sehr einfach: Der Blissanwender zeigt mit seinem Finger oder dem Körperteil, den er willkürlich am besten und eindeutigsten bewegen kann, auf das Symbol, dessen Gehalt er ausdrücken möchte. Der Kommunikationspartner liest die darüberstehende Bedeutung laut vor und zeigt so, daß er verstanden hat, welches Symbol gezeigt wurde. Möchte der Anwender ganze Sätze sprechen, so zeigt er in der Subjekt-Prädikat-Objekt-Reihenfolge (Fitzgerald-Schlüssel) nacheinander die einzelnen Symbole, und der Gesprächspartner liest sie gleichzeitig vor und bringt gegebenenfalls anschließend die Infinitive in einen vollständigen Satz oder eine Frage. Im allgemeinen werden die Symbole auch nach dem Fitzgerald-Schlüssel auf der Tafel angebracht.

Zu den positiven Veränderungen, die bei Bliss-Benutzern zu beobachten sind, gehört nicht nur die nun mögliche Kommunikationsfähigkeit, sondern auch eine gesteigerte Motivation und Initiative, da sie nun in der Lage sind, Fragen zu stellen und auch ihre Gefühle zu äußern. Es lassen sich auch Verbesserungen im physischen Bereich feststellen. So fällt den meisten CP-Kindern die funktionale Sprache, die Hand- und Kopfkontrolle sowie die Entspannung des gesamten Körpers wesentlich leichter.

Damit die Kinder an jedem Ort und zu jeder Zeit kommunizieren können, sollten sie immer eine transportable Bliss-Mappe oder -Tafel bei sich haben, auch wenn dort nur wenige Symbole vorhanden sind. Ein kleiner persönlicher Brief, in dem das Kind sich und seine „Sprache" vorstellt und dem Gegenüber erklärt, wie sie miteinander sprechen können, erleichtert es auch einem Bliss-unerfahrenen Gesprächspartner, das System zu verstehen. Für die Kommunikation im Klassenraum können die dort am meisten benutzten Symbole auf das Pult des Schülers aufgeklebt werden.

Abb. 47 *Bliss-Mappe (Körperbehindertenschule Olpe)*

Abb. 48 *Bliss-Tisch (Körperbehindertenschule Olpe)*

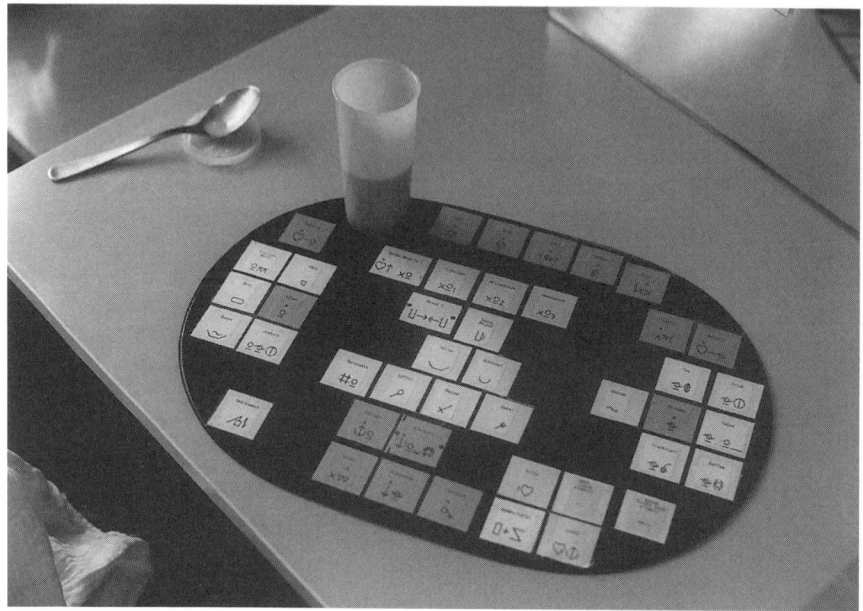

Abb. 49 *Bliss-Tischset (Körperbehindertenschule Olpe)*

Da in der Frühstückspause wieder andere Dinge gewünscht werden, kann man diese speziellen Symbole z.B. auf ein Tischset kleben.

Eine gute Übersicht über weitere grafische Symbolsysteme bietet FRANZKOWIAK (1990).

□ Schriftsprache

Um den Schreib- und Leselernprozeß in Gang setzen zu können, müssen eine Reihe von Voraussetzungen gegeben sein, denn „die Sprachentwicklung und damit auch der Schriftspracherwerb sind eng verknüpft und verwoben mit der Entwicklung von Motorik, Wahrnehmung, neuronalen Integrationsprozessen sowie emotionalen Faktoren" (BREITENBACH & BRAND 1989, S.61).

Schwerstbehinderte Kinder werden wohl aufgrund ihrer massiven Bewegungs-störungen nie frei mit der Hand schreiben können, so daß Voraussetzungen wie Überkreuzen der Körpermittellinie, Bilateralintegration und Handdominanz, wie sie von BREITENBACH und BRAND (1989) beschrieben werden, eine eher unterge-ordnete Rolle spielen, es sei denn für die Bedienung eines Handschalters (vgl. dort).

Die Fähigkeiten, die jedoch auch für das Lesenlernen eines schwerstbehinderten Kindes wichtig sind, lauten:

Abb. 50 *Holzbuchstaben (Firma Karst)*

Abb. 51 *Buchstabenlastwagen (Vertrieb unbekannt)*

– Steuerung der äußeren Augenmuskeln: Kontinuierliches und fließendes Verfolgen der Schreibbewegungen, schneller Wechsel des Fixationspunktes.

– Formkonstanzbeachtung: Erkennen, daß die Buchstaben die gleichen bleiben, auch wenn sie in anderer Größe oder auf anderem Untergrund angeboten werden.

– Visuelle Raumwahrnehmung: Auseinanderhalten der Buchstaben, die die gleiche Form haben, sich aber durch ihre Lage im Raum unterscheiden (b-d, p-q, w-m, u-n).

– Auditive Wahrnehmung: Differenzierung von Lauten und akustische Analyse und Synthese von Worten, um sie auch schriftlich korrekt wiedergeben zu können, wichtig ist dabei auch eine ausreichend große Hör-Gedächtnisspanne.

Diese Voraussetzungen sollten alle schon in der ersten Entwicklungsphase durch sensomotorische Wahrnehmungsförderung aufgebaut worden sein.

Zur Einführung der Druckbuchstaben und zur Verdeutlichung ihrer Form über den visuellen und auch haptischen Sinneskanal eignen sich Holzbuchstaben, die die Kinder betasten können, um dadurch ihre äußere Form zu „be-greifen". Sie können auch zur Wortsynthese und zum spielerischen Zusammensetzen der gleichen Buchstaben zu neuen Wörtern benutzt werden (z.B. OPA, PAPA, OMA, MAMA).

☐ Technische Kommunikationshilfen

In den letzten Jahren wurden eine Reihe von Kommunikationshilfen entwickelt. Diese technischen Kommunikationsmedien werden fast ausschließlich mit einem Schalter bedient. Die Schalter haben den Vorteil, daß nur eine gezielte Bewegung notwendig ist, um eine Reaktion auszulösen. Sie sind daher auch für schwer bewegungsgestörte Menschen leicht zu bedienen.

Da die Möglichkeiten einer gezielten Bewegung eines Körperteils individuell so unterschiedlich sind, gibt es auch eine große Anzahl von Schaltern, um alle Bewegungsmöglichkeiten abzudecken. Zunächst wird durch genaues Beobachten festgestellt welcher Körperteil auf welche Weise von dem Kind willentlich gesteuert werden kann.

Tastschalter. Wenn das Kind in der Lage ist, Hand, Arm, Fuß oder Bein bewußt zu bewegen, so wäre ein Druck- oder Tastschalter geeignet. Neben den Kippschaltern, wie man sie von den Lichtschaltern kennt, gibt es noch eine Reihe anderer Möglichkeiten. So z.B. der runde Tastschalter „Round-Pad". Er läßt sich schon durch leichten Druck auslösen, der nicht plaziert sein muß, da dieser Schalter so beweglich und empfindlich ist, daß er schon durch eine leichte Berührung schaltet.

Bei dem viereckigen Fußschalter mit rutschfester Oberfläche muß der Druck schon genau die hervorgehobene Fläche treffen.

Das gleiche gilt für den etwas größeren Druckschalter (8x16 cm). Es können auch wie bei dem seitlich angebrachten Doppelschalter zwei Tasten mit unterschiedlichen Funktionen ohne eine allzugroße Bewegungsveränderung bedient werden.

Der Näherungsschalter läßt sich durch kleinste Bewegungen auslösen, da er schon bei Annäherung in einem geringen Abstand reagiert und daher nicht berührt werden muß.

Eine weitere Schalterversion stellen die Worker-Schalter dar. Die Worker-Unterrichts- und -Arbeitshilfen arbeiten nach dem Prinzip der Sensorschaltung. Die Schalter lassen sich schon durch eine leichte Berührung der Sensorfläche mit einem beliebigen Teil des Körpers oder einem leitenden Material, das z.B. an einem Stab eines Kopfschalters angebracht sein kann, auslösen. Die Bedienbarkeit ist also „unabhängig vom Druck- oder Tastempfinden sowie dem Greifreflex oder dem Öffnen der Hand" (BONN 1989, S.214) und daher besonders für schwerst cerebral bewegungsgestörte Menschen geeignet.

Die Worker-Schalter können alle batteriebetriebenen Geräte direkt und alle Geräte mit 220-Volt-Betriebsspannung indirekt durch einen Netzadapter ansteuern, ohne daß die zu betreibenden Geräte dazu umgebaut werden müssen. Von Worker gibt es zwei Arten von Schaltern, die sich durch die Auslösemethode unterscheiden. Der Kontaktschalter wird durch die Berührung der Sensorfläche eingeschaltet und bleibt dies solange, bis der Kontakt unterbrochen wird, dann schaltet er sich von selbst wieder aus. In der Einführung bzw. Anwendung des Schalters wird das Kind das

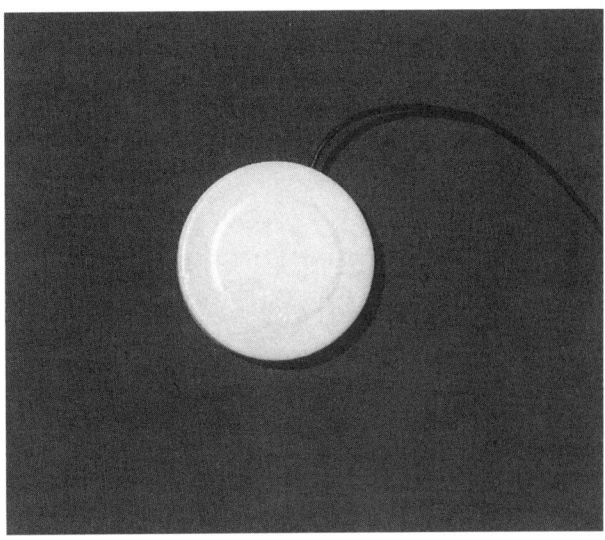

Abb. 52 *Round-Pad*
(Firma Epitech)

Abb. 53 *Fußschalter (Firma Epitech)*

Abb. 54 *Druckschalter (Firma InterDat)*

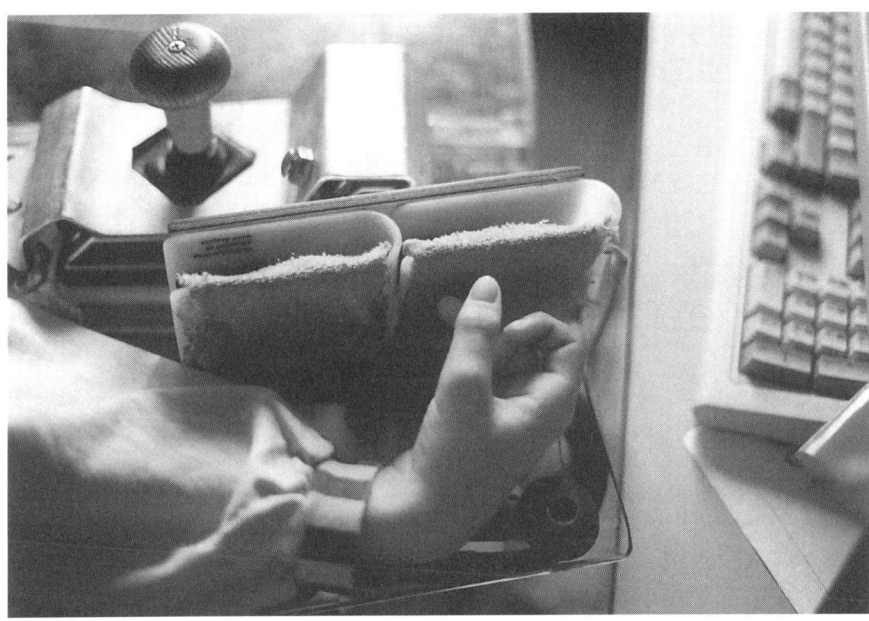

Abb. 55 Doppelschalter (Firma RolliCom)

Abb. 56 *Näherungsschalter (Firma Epitech)*

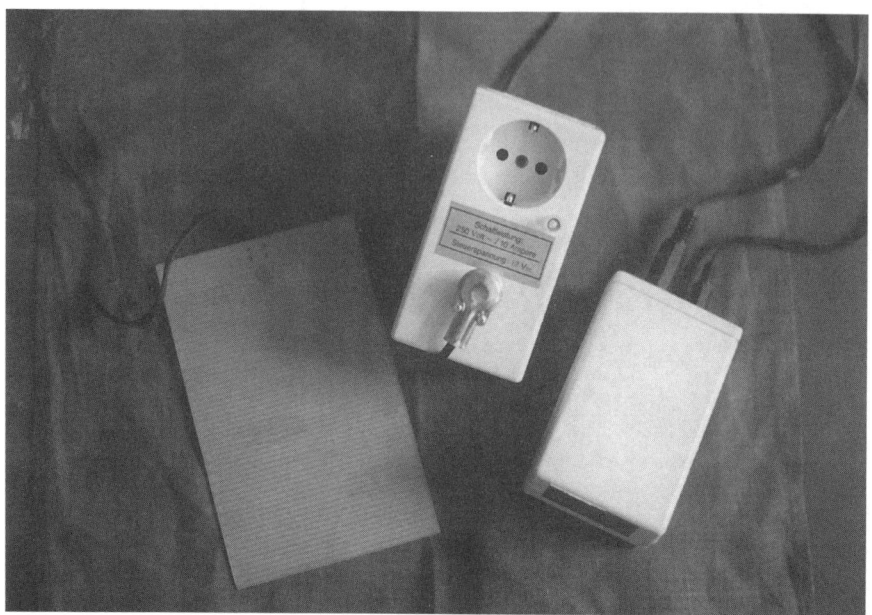

Abb. 57 *Worker-Schalter (Firma Epitech)*

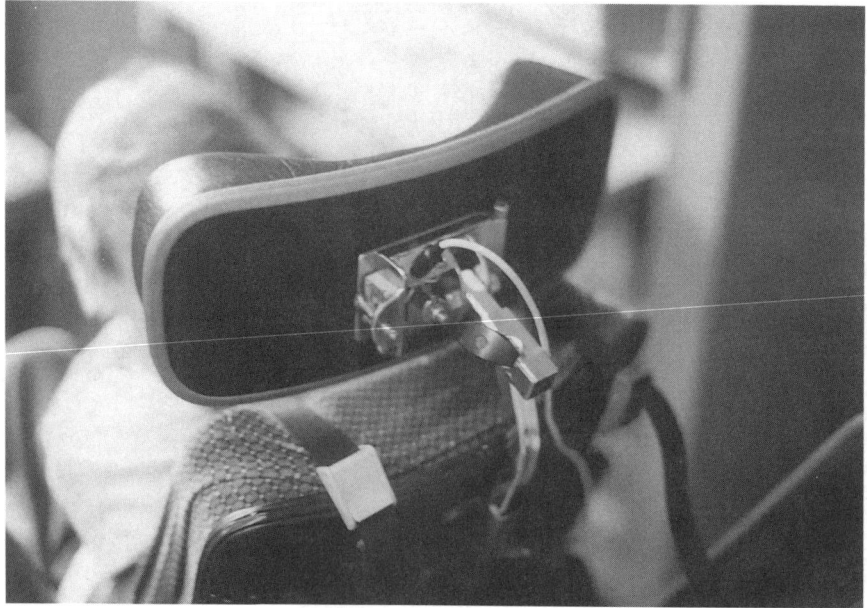

Abb. 58 *Kopfstützenschalter (Firma RolliCom)*

angeschlossene Gerät nur durch zufälliges Berühren der Sensorfläche anschalten. Durch diese Motivation und längeres Experimentieren sollte es dann den Ursache-Wirkungs-Zusammenhang erkennen und den Schalter gezielt einsetzen.

Der Worker-Impulsschalter ist für Behinderte gedacht, die den Kontaktschalter in seiner Anwendung beherrschen. Er schaltet sich wie der Kontaktschalter bei der Berührung der Sensorfläche ein, bleibt dann aber auch eingeschaltet, wenn die Sensorfläche nicht mehr berührt wird. Durch erneute Berührung schaltet der Impulsschalter in seine Ausgangsstellung zurück. Dadurch wird die Ein/Aus-Stellung eindeutig wählbar.

Um die Schalter bedienen zu können, müssen sie mit einer Sensorfläche ausgerüstet sein. Dieser Sensor hat eine rasterförmige Oberfläche, die in ihrer Auflösung so engmaschig ist, daß der Schalter auch bei einer nur punktuellen Berührung noch sicher betätigt werden kann. Die Sensorfläche ist 1,5 mm stark und 10x16 cm groß. Sie läßt sich aber durch Sägen beliebig verkleinern. Diese Fläche ist ein externer Geräteteil und daher an die individuellen Fähigkeiten des Benutzers anpaßbar. Mit doppelseitigem Klebeband sollte man die Sensorfläche dort anbringen, wo das Kind sie mit dem Körperteil berühren kann, den es willkürlich am besten bewegen kann.

Kopfschalter. Sind nur Kopfbewegungen willentlich durchzuführen, so kann man zunächst versuchen, auch hier die Tastschalter einzusetzen. Sie müssen nur so an der Kopfstütze angebracht sein, daß sie mit der Kopfbewegung ausgelöst werden können. Es gibt jedoch auch speziell entwickelte Kopfschalter wie z.B. der abgebildete individuell für einen Schüler entwickelte Kippschalter, der in die Kopfstütze integriert ist. Der Schüler drückt mit dem Kopf die gesamte Stütze nach rechts und löst so den Schalter aus. Von der gleichen Firma wurde auch ein Kinnschalter entwickelt, der um den Hals gelegt wird und im richtigen Winkel zum Kinn steht, um damit durch leichten Druck ausgelöst zu werden. Diesen Schalter gibt es auch mit zwei Funktionen, die durch Druck auf die rechte bzw. linke Seite gesteuert werden. Ohne den untergeschraubten Winkel können beide Kinnschalter auch als Tischschalter benutzt werden.

Individual-Schalter. Eine Klasse der Körperbehindertenschule St.Augustin hat zwei Schalter entworfen, die individuell an die Fähigkeiten der benutzenden Schüler angepaßt sind. Es handelt sich dabei um einen Hand- und einen Knieschalter mit denen alle handelsüblichen Elektrogeräte bedient werden können. Gerät und Schalter werden dazu mit einem Transformator verbunden, der die 220-V-Betriebsspannung auf 12 V herunternimmt und die Geräte so durch den Schalter bedienbar macht. Die Elektrogeräte müssen eingeschaltet sein und die Betätigung des Schalters schließt den Stromkreis, so daß das Gerät arbeitet, solange der Schalter betätigt wird. Der Handschalter besteht aus einem einfachen Tastschalter, der durch eine gepolsterte Platte etwas verlängert ist, damit der Schüler sie mit dem gesamten Unterarm betätigen kann. Der Schalter ist dabei auf der Armlehne seines Rollstuhls befestigt.

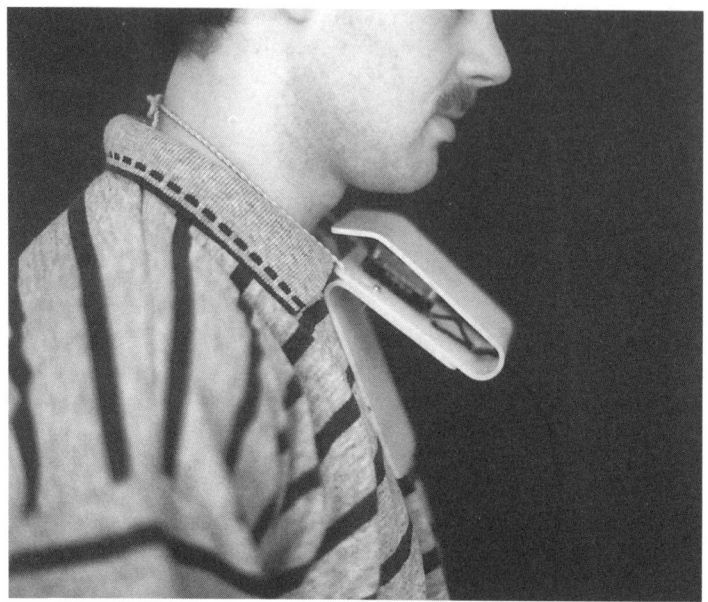

Abb. 59 *Kinnschalter (Firma RolliCom)*

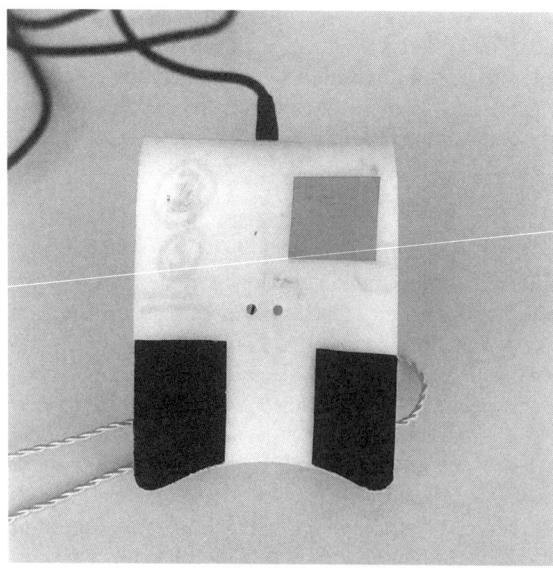

Abb. 60 *Kinnschalter mit zwei Funktionen (Firma RolliCom)*

Abb. 61 *Handschalter und Transformator (Körperbehindertenschule St.Augustin)*

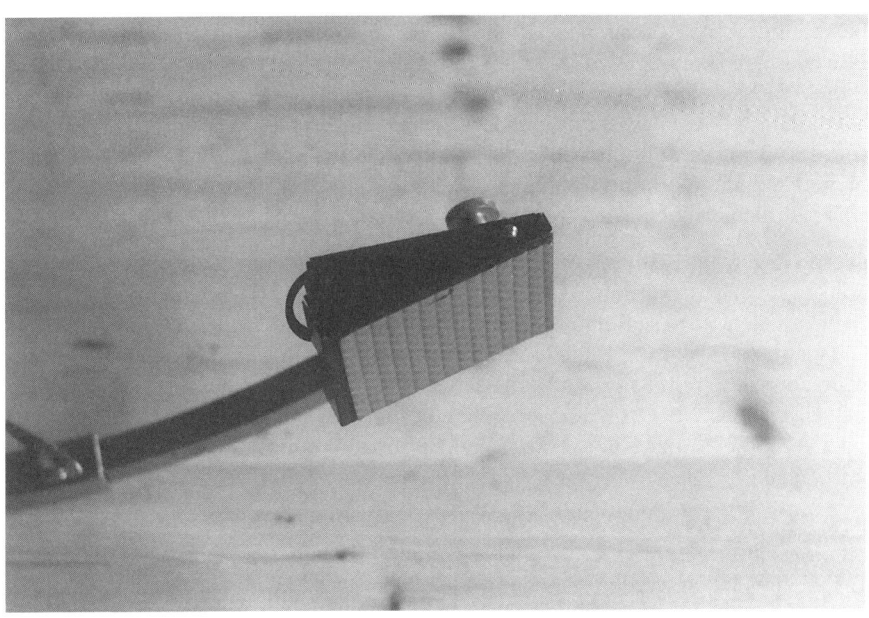

Abb. 62 *Knieschalter (Körperbehindertenschule St.Augustin)*

Der Knieschalter wird durch eine spezielle Halterung so an dem Rollstuhl der Schülerin befestigt, so daß sie durch leichtes Anheben des Knies den ursprünglichen Fußschalter auslösen kann.

Die Schüler haben mit Hilfe dieser Schalterkombinationen die Möglichkeit, aktiv am Unterricht (z.B. Hauswirtschaft) teilzunehmen und sich als handelnde Mitglieder einer Gemeinschaft zu erleben.

☐ Schalter-Training

Die gezielte Anwendung eines Schalters ist die Grundvoraussetzung für die Bedienung der meisten elektronischen Kommunikationshilfen. Die Übungen dazu sollten in spielerischer Form geschehen, denn wenn schon in der Anfangsphase eine negative Erfahrung mit dem Hilfsmittel in Verbindung gebracht wird, kann man nicht erwarten, daß die Motivation, dieses Gerät zu benutzen, steigt.

Ein weiterer Grund für das spezielle Schaltertraining ist die Gewöhnung an den Bewegungsablauf. Cerebralparetische Kinder neigen dazu, sich bei willentlichen Bewegungen besonders zu verkrampfen. Dies hat bei der Schalterbedienung den Effekt, daß sie den Schalter nicht auslösen können. Dieses Phänomen wird vor allem dann beobachtet, wenn das Kind zu einem bestimmten Zeitpunkt drücken soll. Das Kind verkrampft sich in Erwartungshaltung so sehr, daß es den Schalter nicht betätigen kann und der richtige Zeitpunkt verstreicht und es zu spät drückt, was natürlich ein weiteres Mißerfolgserlebnis darstellt.

Diesen negativen Erfahrungen kann man vorbeugen, wenn man eine Reihe kleiner Spiele anwendet, bei denen die Schalterbedienung geübt wird und das „falsche" Drücken nicht allzu schlimm ist. Es ist jedoch wichtig, daß auch hier der Schwierigkeitsgrad steigt, um die Kinder richtig vorzubereiten. Um eine Wenn-Dann-Erfahrung zu machen und sich als Verursacher einer Handlung zu erleben, eignet sich z.B. das selbständige An- und Ausschalten eines Kassettenrecorders oder Radios oder das Spielen mit einer elektrischen Eisenbahn, die auf Schalterdruck losfährt und anhält.

Eine höhere Schwierigkeitstufe könnte für das Kind darin bestehen, die Eisenbahn an einer bestimmten Stelle anzuhalten, damit z.B. Leute ein- und aussteigen oder Lasten aufgeladen werden können.

Es gibt aber auch spezielle Computerprogramme zur Übung der gezielten Schalterbetätigung, so z.B. der „Smily" der Firma RolliCom.

Bei diesem Programm befindet sich am linken Bildrand ein Rechteck, durch das ein blaues Quadrat von oben nach unten wandert. Die Aufgabe besteht darin, den Schalter zu betätigen, wenn sich das Quadrat in dem rosa umrandeten Feld befindet. Wird diese Aufgabe erfolgreich ausgeführt, so erscheint auf dem Bildschirm ein lachendes Gesicht, und zusätzlich ertönt eine Melodie als weitere positive Verstär-

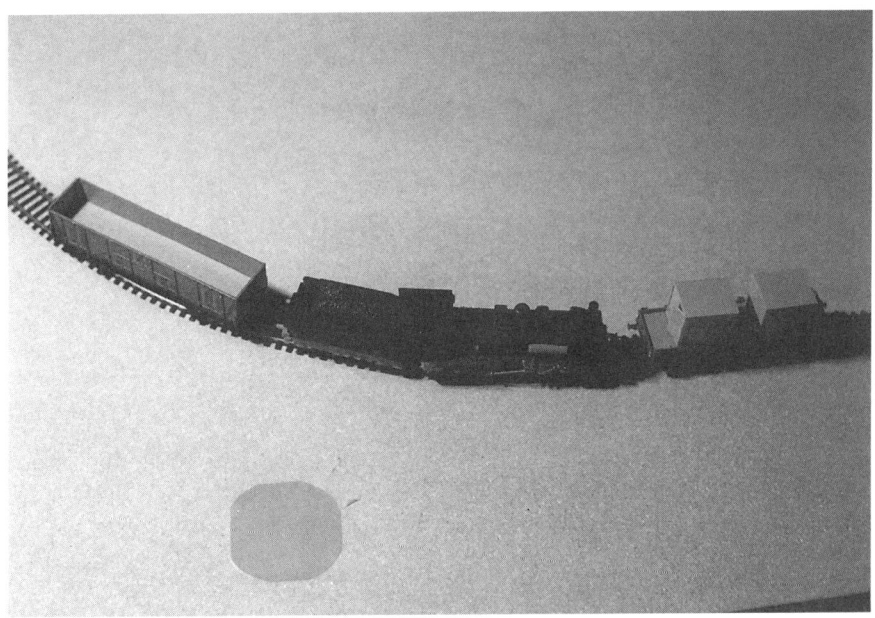

Abb. 63 *Elektrische Eisenbahn*

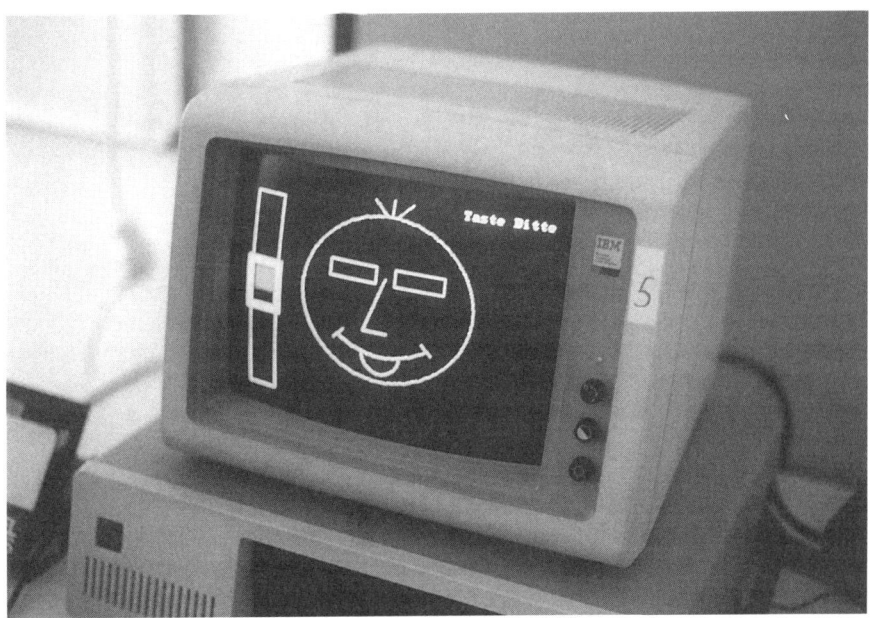

Abb. 64 *Computerprogramm Smily (Firma RolliCom)*

Abb. 65 *Computerprogramm Selektion (Firma RolliCom)*

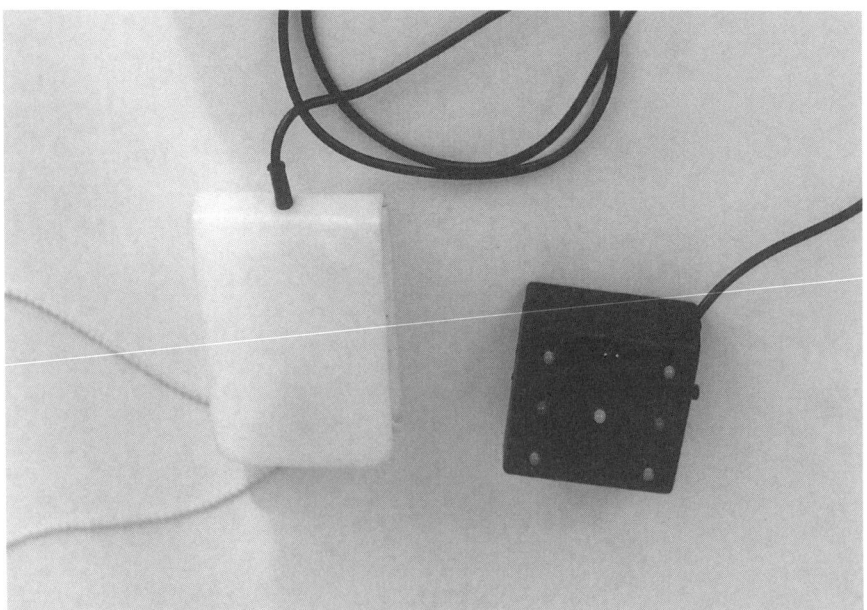

Abb. 66 *Würfel (Firma RolliCom)*

kung. Wird falsch gedrückt, so setzt sich das Quadrat automatisch wieder an den Anfang der Leiste. Die Geschwindigkeit des blauen Quadrats und die Stellung des rosa Kästchens lassen sich variieren.

Das Computerprogramm „Selektion" fördert neben der gezielten Schalterbetätigung die optische Differenzierungsfähigkeit, die eine unabdingbare Voraussetzung für das Erlernen einer Symbolsprache darstellt. Bei diesem Programm sollen unter Anwendung der Scanning-Methode entweder Paare von Gegenständen als zusammengehörig erkannt oder unter mehreren Gegenständen einer als nicht zugehörig identifiziert werden. Dazu erscheinen mehrere Piktogramme auf dem Bildschirm, und der weiterspringende Rahmen muß bei dem richtigen Bild durch Schalterdruck angehalten werden.

Eine weitere motivierende Möglichkeit des Schaltertrainings ist das Spiel mit einem elektronischen Würfel. Auf Tastendruck wählt dieser Würfel nach dem Zufallsprinzip Zahlen aus und stellt sie mit kleinen Lämpchen in der Anordnung der Würfelaugen dar.

Dieses Gerät ermöglicht dem schwerstbehinderten Kind das selbständige Würfeln und somit die aktive Teilnahme an einem Gesellschaftsspiel, wodurch das Sozialverhalten und das Selbstbewußtsein gefördert werden.

☐ Scanner

Beim Scanning werden nacheinander Wahlmöglichkeiten angeboten, auf die die nichtsprechende Person mit einem vorher festgelegten Signal reagiert. Dieses Verfahren wird bei verschiedenen Mitteilungstafeln angewandt. Bei diesen technischen Hilfsmitteln, wie hier der Bliss-Zeigehilfe und der Zygo-Mitteilungstafel, wandert ein Lichtpunkt in einem bestimmten Rhythmus über eine Tafel mit Symbol- oder Wortfeldern und wird dann mittels Schalterdruck an dem gewünschten Feld angehalten. Der Weg und die Geschwindigkeit des Lichts kann in den meisten Fällen individuell eingestellt werden. Eine weitere Möglichkeit wäre, den Lichtpunkt durch Schalterdruck weiterspringen zu lassen.

Eine weitere tragbare elektronische Kommunikationstafel, die nach dem Scanning-Prinzip arbeitet, wird von der Firma RolliCom angeboten. Diese DIN A2 große Tafel mit 80 oder 100 Feldern läßt sich auf DIN-A4-Größe zusammenklappen und ist so ohne Schwierigkeiten transportierbar. Auf jedem Feld befindet sich ein rotes Lämpchen, das aufleuchtet, wenn es mittels eines Schalters angesteuert wird. Beide Tafelhälften sind mit Folien belegt, so daß die Symbole oder Wörter je nach den Bedürfnissen des Benutzers ausgetauscht werden können.

Neben der Scanning-Methode, für die man nur einen Schalter benötigt, kann diese Tafel auch mit einem Doppelschalter angesteuert werden. Der erste Schalter läßt das Licht horizontal weiterwandern, der zweite Schalter senkrecht.

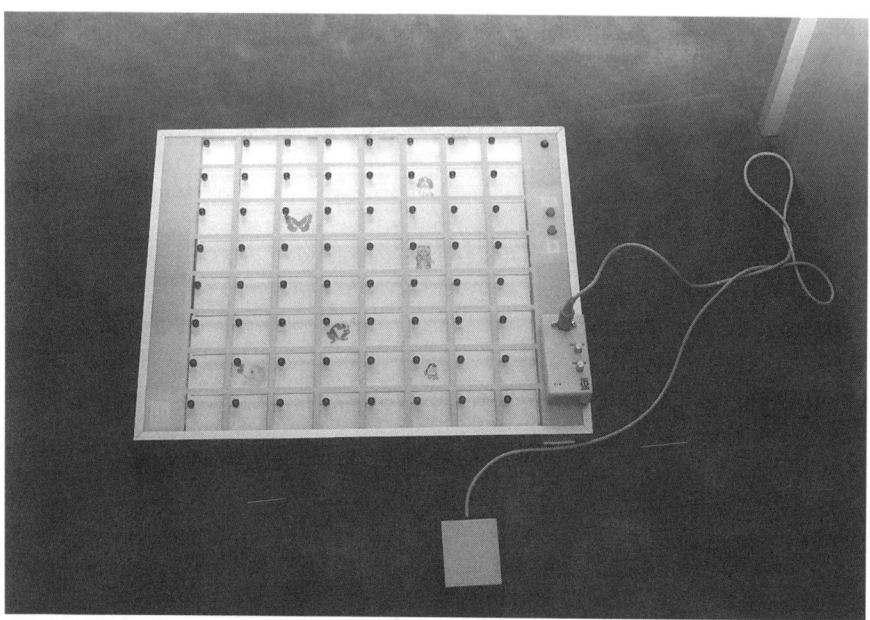

Abb. 67 *Bliss-Zeigehilfe (Firma reha media)*

Abb. 68 *Zygo-Mitteilungstafel (Firma Epitech)*

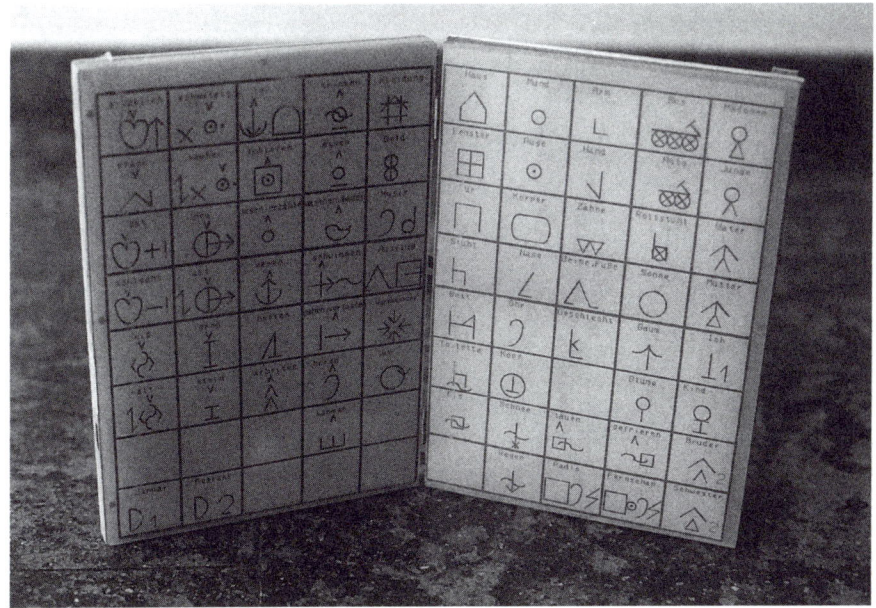

Abb. 69 *Kommunikationstafel (Firma RolliCom)*

Vorteile der Scanner sind die Eindeutigkeit und die Steuerungsmöglichkeit mit geringer Bewegung. Nachteil ist die geringe Geschwindigkeit und die Begrenztheit der Symbole. Als Einstieg für weitere technische Hilfsmittel, die auf diesem System aufbauen, ist sie jedoch sehr geeignet.

☐ Digi-Memo *(Big Mac)*

Dieses kleine Aufnahmegerät arbeitet nach dem System eines Kassettenrecorders. Es nimmt ca. 16 sec lang Wörter oder Geräusche auf und gibt diese beliebig oft auf Tastendruck wieder. Speichert man z.B. „Komm mal her!" in das Gerät, so kann das Kind selbständig jemanden anfordern und hat dabei das motivierende Erlebnis, Sprache auslösen zu können, d.h. fast selbst sprechen zu können.

Benutzt man zwei Digi-Memos, so können die Ja/Nein-Entscheidungen per Schalterdruck „versprachlicht" werden.

Die Einsatzmöglichkeiten des Digi-Memos sind vielfältig. Es empfiehlt sich, Aussagen aufzunehmen, die die größte Bedürfnislage der Kinder repräsentieren. Die Möglichkeit für das Kind, seine größten Bedürfnisse in Sprache umsetzen zu können, stellt einen hohen Motivationsfaktor dar. Im Hinblick auf weiterführende Hilfsmittel kann das Digi-Memo als eine Vorbereitung auf Kommunikationsgeräte mit digitaler Sprachausgabe eingesetzt werden.

97

Abb. 70 *Digi-Memo (Firma InterDat)*

Abb. 71 *Introtalker (Firma Prentke Romich)*

☐ Introtalker

Der Introtalker ist eine akkubetriebene Kommunikationshilfe mit digitaler Sprachausgabe. Die Benutzung einer Kommunikationshilfe mit Sprachausgabe gibt dem Kind die Möglichkeit, spontan in Interaktion zu treten und seine Wünsche und Bedürfnisse deutlicher zu machen. Der Introtalker läßt es sowohl die Zielgerichtetheit von kommunikativen Handlungen als auch Spontaneität, Produktivität und Kreativität des Sprachhandelns erfahren und erlernen.

Er besitzt acht bzw. 32 Tastenfelder, die sowohl mit Symbolen als auch mit Bildern versehen oder beschriftet werden können, je nach dem Entwicklungsstand und den Vorkenntnissen des Benutzers. Die Anzahl der Tastenfelder richtet sich nach dessen motorischen Fähigkeiten. Ist das Auslösen einer einzelnen Taste nicht möglich, so können vier Tasten zu einem Feld zusammengelegt werden, was das gezielte Ansteuern des gewünschten Feldes wesentlich erleichtert.

Auf jedes Feld können Aussagen gespeichert werden, die wie bei einem Kassettenrecorder aufgenommen werden. Das Abrufen der Aussagen geschieht über das Drücken der Tasten. Mit diesem digitalen Aufnahmeverfahren ist es natürlich auch möglich, Geräusche und Musik zu speichern. Um die Möglichkeiten und die Anzahl der Aussagen zu erweitern, lassen sich bis zu drei Felder miteinander kombinieren. Der Introtalker hat eine Speicherkapazität von 60 bzw. 120 sec, was ca. 240 Wörtern oder 32 kleinen Sätzen entspricht. Er kann mit bis zu drei Zusatzspeichern ausgestattet werden, die Wiedergabequalität verschlechtert sich jedoch deutlich mit der Größe der Speicherkapazität.

Bei Kindern sollte man sehr genau darauf achten, wer den Introtalker bespricht, denn das Kind sollte sich mit der Stimme als seiner eigenen identifizieren können. Es ist daher angebracht, dem Benutzer anfangs eine Auswahl von mehreren Stimmen zur Verfügung zu stellen, aus denen er dann „seine" Stimme aussuchen kann, denn wer läßt schon gerne jemanden für sich sprechen, den er eigentlich nicht mag? Geeignet sind daher auch „fremde" Stimmen von Personen, die das Kind gar nicht kennt. Allgemein ist es sinnvoll, dem Kind eine Kinderstimme zu geben sowie einem Jugendlichen eine Stimme, die seinem Alter entspricht.

Auch die Tonhöhe, die Lautstärke und die Aussprache ist für das akustische Verständnis der Aufnahmen von höchster Wichtigkeit. Denn wie SIMON (1992, S.3) in einem Erfahrungsbericht darstellt, ergeben sich bei bestimmten Lautverbindungen Schwierigkeiten, so daß einige Worte falsch oder gar nicht verstanden werden und andere Ausdrücke gefunden werden müssen.

Förderung der Gruppe 4

Die Kinder der vierten Gruppe haben bereits begonnen, die fehlenden verbalen Kommunikationsmöglichkeiten durch andere Formen der Kommunikation zu kompensieren. Diese anderen Formen, die meist in Symbol- oder Schriftsprache bestehen, gilt es in der Förderung dieser Gruppe weiter auszubauen. Hierbei geht es ausschließlich um den Einsatz elektronischer Kommunikationshilfen.

Im Vordergrund steht dabei der Computer, der durch behinderungsgerechte Programme und Ansteuerungsmedien auch für schwerstbewegungsgestörte Schüler bedienbar ist. Als Kommunikationshilfen sind sie jedoch nur bedingt geeignet, da Kommunikation schließlich an verschiedenen Orten stattfindet und nicht nur im „Computerraum". Die früher äußerst relevante elektrische Schreibmaschine ist längst von den ausbaufähigeren und leichter zu bedienenden Computern überholt worden und wird deshalb hier lediglich erwähnt.

☐ Computer

Der Computer weist gegenüber anderen elektronischen Hilfsmitteln eine Reihe von Vorteilen, aber auch Schwierigkeiten auf, die von FRANZKOWIAK (1985, S.50 f.) beschrieben wurden:

„Vorteile:

– Der Computer ist sehr flexibel und vielseitig verwendbar; dadurch wird z.B. eine Individualisierung des Unterrichts je nach den Bedürfnissen des Kindes (Behinderung, Lernstil, Verarbeitungszeit, Feedback und Verstärker usw. können beim Programmieren erfaßt werden) möglich;

– der Umgang mit dem Computer besitzt einen hohen Motivationsgehalt;

– neben der direkten Bedienung der Tastatur existieren verschiedene behinderungsadäquate Zugangsformen (z.B. einfache Druckschalter, erweiterte Tastaturen, Steuerknüppel);

– durch die hohe Auflage, mit der Heimcomputer heute produziert werden, liegen die Kosten unterhalb der vieler Spezialgeräte für Behinderte;

– Beratung durch Computerhändler und Service bei Reparaturen sind in der ganzen Bundesrepublik gewährleistet;

– schließlich kann man davon ausgehen, daß der Computer von der Öffentlichkeit akzeptiert wird, da er zu einem Teil des täglichen Lebens geworden ist – im Gegensatz zu manchen speziell für Behinderte entwickelten Hilfsgeräten.

100

Schwierigkeiten:

- Es existieren verschiedene Betriebssysteme und Programmiersprachen nebeneinander, so daß die Software nicht austauschbar ist (d.h. nicht jedes Programm läuft auf jedem Computer);

- zudem besteht (noch) ein Mangel an geeigneten pädagogischen Computerprogrammen;

- die meisten Geräte sind noch nicht transportabel (wenn es auch einen Trend zu immer leistungsstärkeren tragbaren Computern gibt), so daß sie von Körperbehinderten nicht überall hin mitgenommen werden können;

- eine Person aus dem Umkreis des Anwenders muß über Grundkenntnisse in der Funktionsweise von Computern verfügen, um

- bestehende Programme je nach Notwendigkeit zu modifizieren bzw. neue Programme zu erstellen,

- alle Möglichkeiten des Computers ausschöpfen zu können

- und ggf. Anschlüsse von Zusatzgeräten (Drucker, vergrößerte Tastatur u.ä.) durchzuführen."

Auch die Anwendungsbereiche von Computern sind vielfältiger als die anderer elektronischer Hilfsmittel. Unter Verwendung von Druckern und/oder Sprachausgaben dient er zur Verbesserung der schriftlichen und „mündlichen" Kommunikation durch eine schnellere Informationsverarbeitung z.B. durch die Verwendung von kurzen Codes für ganze Wörter oder Satzbausteine. Im Unterricht kann das Kind angemessene Lern- und Übungseinheiten selbständig und ohne Zeitdruck bearbeiten.

Neben diesen Funktionen als Lernmittel bietet der Computer natürlich auch die grundlegenden Bedingungen für einen erfolgreichen Schulbesuch, nämlich das Schreiben, das Speichern von Notizen und das selbständige Arbeiten. Die frühzeitige Arbeit mit dem Computer wird dem behinderten Schüler auch Zukunftsperspektiven in bezug auf eine Arbeitsstelle eröffnen können.

☐ Computerprogramme

„Außer einer genauen Anpassung des Eingabemodus an die motorischen Fähigkeiten des Benutzers/der Benutzerin spielt die Wahl der Software eine entscheidende Rolle für den Erfolg oder Mißerfolg eines Computers als Kommunikationshilfe" (BRAUN 1991 a, S.4).

Bliss-Programm: z.B. BSCK. Auf dem Markt gibt es eine größere Anzahl von Software mit Bliss-Symbolen. Einen Überblick gibt dazu FRANZKOWIAK (1992, S.18

ff.). Hier wird nur ein Beispiel angeführt: das Progamm BSCK (Bliss-Symbol-Computer-Kommunikation) der Firma RolliCom, da dieses Programm im Rahmen des Forschungsprojektes eingesetzt wurde.

Das BSCK setzt die handelsüblichen Bliss-Tafeln auf dem Bildschirm um. Die Anordnung der Symbole gleicht den Symboltafeln (8 x 8 Fenster), die mit Hilfe von Augenbewegungen bedient werden. Die einzelnen Symbole können nach Themenschwerpunkten auf dem Bildschirm angeordnet werden. Die Auswahl der Symbole geschieht nach dem Scanning-Verfahren. Dazu wird ein 8er-Fenster aus den 64 Symbolen angesteuert, das dann über den gesamten Bildschirm vergrößert dargestellt wird. Aus diesem Fenster wählt man dann durch einen erneuten Tastendruck ein Symbol direkt aus. Die ausgewählten Symbole erscheinen vergrößert rechts auf dem Bildschirm und können wahlweise als Text und/oder als grafisches Symbol ausgedruckt werden. Mittels eines besonderen Sprachprogramms wird die Bedeutung auch versprachlicht. Bei dem BSCK-Programm können bis zu drei 8er-Fenster hintereinander gelagert werden, so daß insgesamt max. 576 Symbole zur Verfügung stehen.

Textprogramme: z.B. BigWort. Das Computer-Programm BigWort der Firma Rolli-Com richtet sich an Schüler(innen) die nach der Ganzwortmethode lesen lernen.

Auf dem Bildschirm erscheinen nacheinander einige Wörter, die der Betreuer vorher festgelegt hat. Die Größe der Tafel, in der die Wörter erscheinen, kann in sechs Abstufungen verändert werden, so daß auch Schüler mit visuellen Wahrnehmungsstörungen oder Sehschwächen keine Probleme habe das Wort zu erkennen. Das Programm hat acht Tafeln mit jeweils 400 Worten zur Verfügung. Die gewünschten Wörter werden nach ihrem Erscheinen durch einen Schalter angewählt und können dann in Orginalgröße ausgedruckt werden. Über ein Zusatzsteckmodul kann das Wort auch in Lautsprache wiedergegeben werden. Dieses System bietet neben dem Effekt eines Schaltertrainings, nämlich genau dann zu drücken, wenn ein bestimmtes Wort erscheint, auch die Einführung in ein einfaches Textverarbeitungsprogramm mit Einwort-Codes.

Textprogramme: z.B. BYPASS. Das Schreibprogramm BYPASS wurde von dem Körperbehindertenzentrum Oberschwaben speziell für Schwerstbehinderte entwickelt, um ihnen die Nutzung handelsüblicher Computer mit den Betriebssystemen MS-DOS oder PC-DOS zu ermöglichen. In diesem Programm werden Buchstaben und Zeichen auf dem Bildschirm durch Bedienung eines Schalters ausgewählt. BYPASS simuliert dadurch dem Computer die Bedienung der Tastatur.

Das Programm arbeitet mit einem „Fenster" im Bildschirm, das in das laufende Programm eingeblendet ist. Dieses Fenster zeigt die üblichen Tastaturzeichen; es gibt aber auch Zahlen-, Groß- und Kleinbuchstaben- oder Allgemeinfenster. Im Fenster läuft ein Rahmen-Cursor (ein Fenster im Fenster) zunächst eine ganze senkrechte Reihe umrahmend von rechts nach links. Wird er durch Tastendruck angehalten,

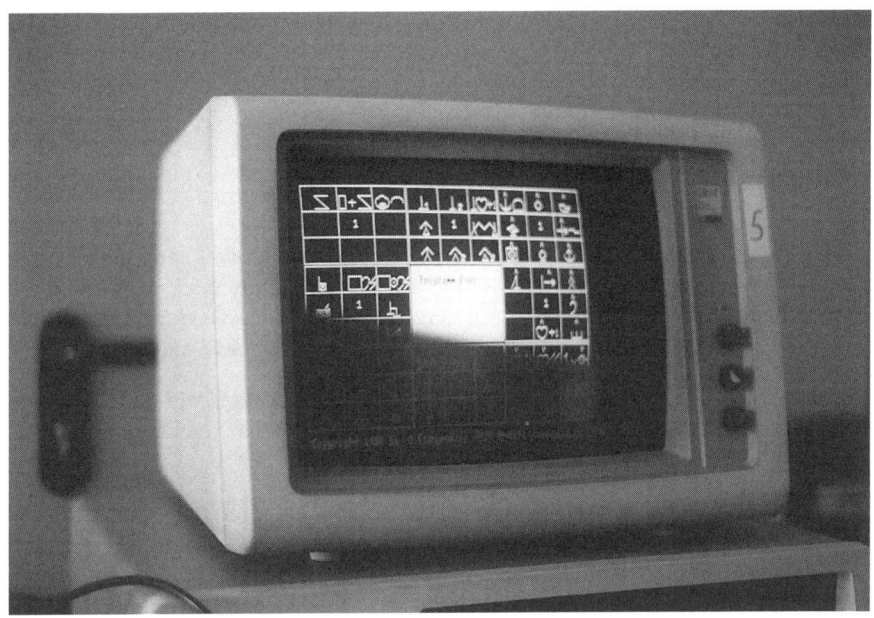

Abb. 72 *BSCK (Firma RolliCom)*

Abb. 73 *Computerspiel MEMO (Firma RolliCom)*

verkleinert er sich und umrahmt nur noch ein Zeichen. Dann wandert er Zeichen für Zeichen nach unten, bis er bei dem gewünschten Zeichen durch erneuten Schalterdruck angehalten wird. Die Geschwindigkeit, mit der der Cursor weiterwandert, ist regulierbar, und das Fenster kann auf dem Bildschirm verschoben werden, damit es nicht zu weit in den Text oder das Bild hineinragt. Die normale Tastatur bleibt angeschlossen und ermöglicht so dem Lehrer, jederzeit einzugreifen, oder einer zweiten Person, mitzuarbeiten oder -zuspielen.

Computer-Spiele. Außer als Kommunikations- und Schreibmittel kann der Computer auch als Spielmittel eingesetzt werden. Im gemeinsamen Spiel mit Mitschülern und auch Nichtbehinderten hat das schwerstbehinderte Kind die gleichen Chancen, da es alle Funktionen selbständig wie seine Mitspieler ansteuern kann.

Ein Beispiel für ein solches Computerspiel ist das Programm „MEMO", das nach dem Prinzip des Gesellschaftsspiels Memory aufgebaut ist. An dem Spiel können sich bis zu vier Spieler mit eigenem Schalter beteiligen.

Auf dem Bildschirm erscheinen verdeckt Karten, die in Reihen und Spalten verteilt sind. Die Mitspieler steuern nacheinander je zwei Karten an. Dies erfolgt nach dem Scanning-Prinzip oder mit den Cursortasten über die Tastatur. Die Karten werden aufgedeckt, und jeder der Mitspieler kann sie sehen, danach werden sie durch Tastendruck wieder umgedreht, und der nächste Spieler ist an der Reihe. Nur wenn beide Karten identisch sind, bleiben sie aufgedeckt, und der Spieler bekommt einen Punkt und ist zudem nochmal an der Reihe.

Dieses MEMO-Programm gibt es mit acht großen Feldern mit „Farben & Formen", mit acht oder dreißig Feldern, auf denen Bliss-Symbole abgebildet sind, und mit dreißig Kärtchen, auf denen Wörter stehen.

Neben dem Spieleffekt fördert es so noch das Wiedererkennen und Differenzieren von Formen und Symbolen und deren Positionen auf dem Bildschirm.

Eine weitere Möglichkeit der Freizeitbeschäftigung bietet das Computerspiel „Kreuzworträtsel". Auf dem Bildschirm wird ein zuvor ausgesuchtes bzw. erstelltes Kreuzworträtselgitter dargestellt. Am unteren Bildschirmrand erscheinen nacheinander die einzelnen Fragen, die die Lösungswörter beschreiben. Der Benutzer hat die Aufgabe, das erfragte Wort in das Rätselgitter einzusetzen. Auch dieses Programm läßt sich durch ein aufrufbares Buchstabenfenster nach dem BYPASS-Prinzip bedienen.

Ansteuerungsmöglichkeiten des Computers. Neben den schon erwähnten Schaltern, die für die Scanning-Methode benutzt werden, gibt es für den Computer noch eine Reihe anderer Ansteuerungsmedien. So kann die Tastatur direkt mit Hilfe eines Kopf- oder Mundschreibers oder durch die mit einer Manschette unterstützte Hand angesteuert werden.

Abb. 74 *Mensch-Maschine-Interface (Firma InterDat)*

Spezial-Tastatur. Man kann jedoch auch das normale Keyboard des Computers durch eine spezielle Tastatur ersetzen. Eine solche Spezial-Tastatur stellt das Mensch-Maschine-Interface dar.

Bei dieser Tastatur befindet sich auf jeder Taste ein kleines LCD-Display, das durch ein Steuermodul (Joystick, Tastschalter usw.) angesprochen und invertiert wird. Erfolgt dann eine weitere Bestätigung, so wird diese Eingabe wie ein normaler Tastendruck an den Computer weitergeleitet. Der Bediener hat auch die Möglichkeit, Mehrfachtastenkombinationen durchzuführen, ohne dabei mehrere Tasten gleichzeitig betätigen zu müssen. Neben der optischen Anzeige ist jede Taste auch mit einem eigenem Ton belegt, so daß auch eine „blinde" Bedienung möglich ist. Die Ansteuerungsempfindlichkeit ist individuell einstellbar.

Joysticks. Viele Programme, vor allem aber Computerspiele, lassen sich auch mit einem Joystick bedienen. Dieses Steuerungsmedium gibt es auch in Form von Tasten oder mit Steuerknüppel.

Im Rahmen des Projekts wurden Joysticks entwickelt, die durch einen Lichtstrahl, der auf den entsprechenden optischen Sensor trifft, ausgelöst werden. Diese optischen Joysticks gibt es in verschiedenen Ausführungen. Einmal in Form einer Leiste, auf der die Funktionen nebeneinander liegen. Zum anderen aufgeteilt auf Kästchen,

Abb. 75 *Optische Joystick-Leiste (Firma InterDat)*

Abb. 76 *Optische Joystick-Kästchen (Firma InterDat)*

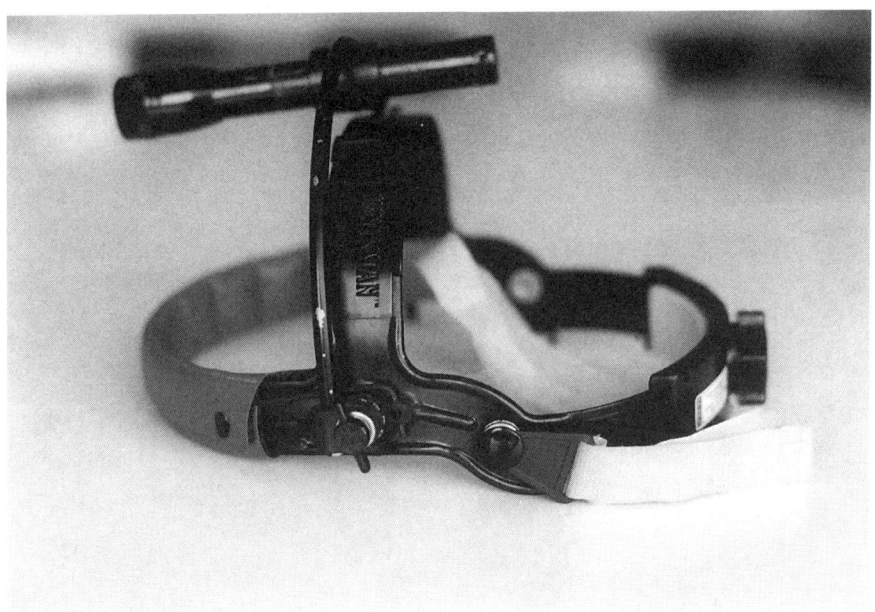

Abb. 77 *Kopfschreiber (Firma Epitech)*

die durch Klettverschlußflächen beliebig aufgestellt werden können, je nach Bedarf und Bewegungsfähigkeit des Schülers. Diese Ansteuerungsmöglichkeit ist vor allem für Personen geeignet, die ihre Kopfbewegungen steuern können, denn die Lampe, mit der der Lichtstrahl auf die Sensoren geschickt wird, läßt sich gut an einem Kopf-schreiber befestigen. Die Sensibilität der Sensoren läßt sich einstellen, so daß ein kurzes „Drüberwischen" mit dem Lichtstrahl noch keine Funktion auslöst. Zu bemängeln wäre die Größe der optischen Sensoren. Diese sind mit einem Durch-messer von ca. $^1/_2$ cm so winzig, daß es schwierig ist, sie genau zu treffen. Zudem sollte man sie vielleicht mit einer farbigen Umrandung kenntlich machen, denn in dem schwarzen Kästchen sind sie, vor allem für Kinder mit Sehschwierigkeiten, kaum zu sehen.

☐ Tragbare Geräte

Canon-Communicator. Das kleinste (131 x 85 x 30 mm, 250 g), aber auch recht schwierig zu bedienende Schreibgerät ist der Canon-Communicator.

Mit Hilfe dieser batteriebetriebenen Miniatur-Schreibmaschine kann der Benutzer Texte in beliebiger Länge auf ein Schreibband drucken. Für sehbehinderte Benutzer steht neben der normalen Schriftgröße noch eine stark vergrößerte Schriftform zur Verfügung.

107

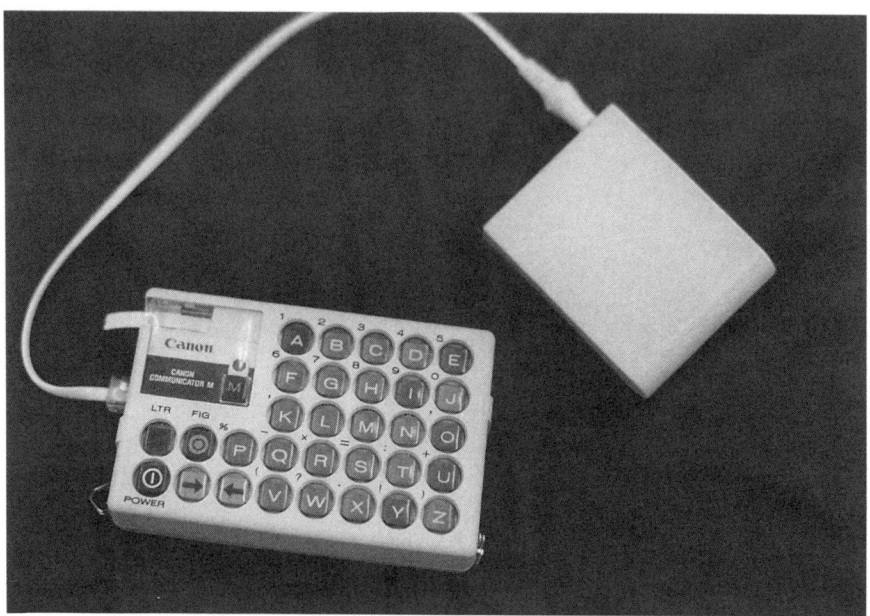

Abb. 78 *Canon-Communicator (Firma Epitech)*

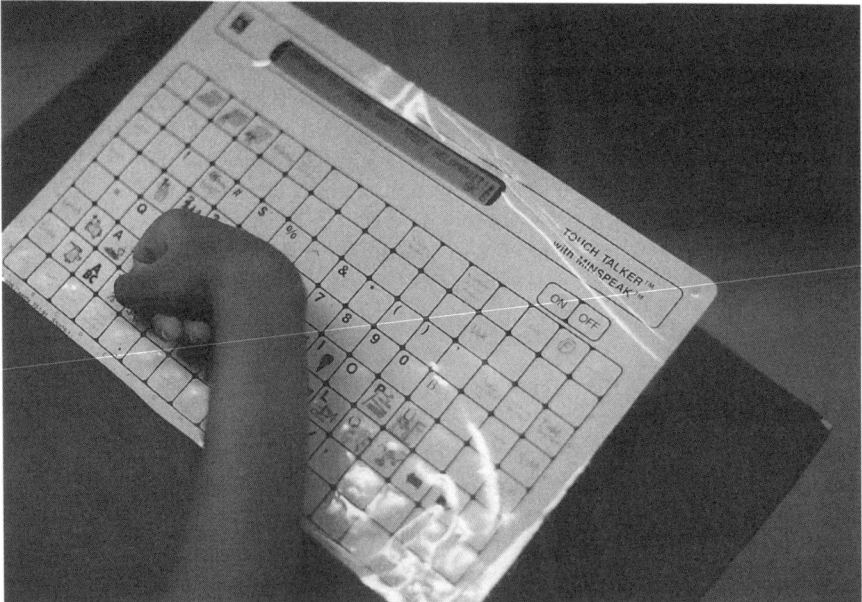

Abb. 79 *Touchtalker (Firma Prentke Romich)*

Um die Bedienung zu erleichtern, gibt es verschiedene Aufsätze für die Tastaturtafel. Diese Aufsätze liegen etwas erhöht auf der Tastatur und lassen für jedes Feld eine Öffnung frei, so daß diese kleinen Tasten auch von motorisch behinderten Menschen bedient oder mittels eines Stifts oder Kopfschreibers gezielt ausgelöst werden können.

Die neueste Ausgabe des Canon-Communicators hat neben der normalen Schreibfunktion auch weitere Extras: Eine digitale Sprachausgabe mit max. 4 min Speicherkapazität, einen Phrasenspeicher, mit dem sich 26 Tasten mit bis zu 7000 Zeichen belegen lassen, sowie die Möglichkeit einer externen Ansteuerung durch einen Schalter, mit dem ein Scann-Modus bedient werden kann. Schließlich ist noch die Anschlußmöglichkeit für Computer, Drucker und Telefon gegeben. Ein großer Vorteil dieses kleinen Gerätes ist natürlich seine problemlose Transportierbarkeit. Es ist so klein und leicht, daß man es z.B. jederzeit am Handgelenk bei sich tragen kann. Für schwerstbehinderte Schüler kommt jedoch eher die Befestigung am Rollstuhl in Frage. Nachteil ist die Winzigkeit der Tasten, die natürlich eine recht gute und gezielte Ansteuerung voraussetzt. Zudem dauert es bei entsprechenden Schwierigkeiten recht lange, bis ein Wort geschrieben und ausgedruckt ist. Solche langen Gesprächspausen sind für eine „normale" Kommunikation sehr belastend.

Touchtalker. Der Touchtalker ist eine elektronische Kommunikationshilfe mit synthetischer Sprachausgabe, er stellt das zur Zeit ausbaufähigste Gerät dieser Art dar.

Das Gerät arbeitet nach der Minspeak-Methode, einer semantischen Kodierungsstrategie auf der Grundlage von Symbolen, die man miteinander kombinieren kann, um jeweils unterschiedliche Aussagen machen zu können, ohne die langwierige Buchstabiermethode anwenden zu müssen.

Das von dem Linguisten Bruce Baker Anfang der 80er Jahre entwickelte „Minspeak" vereinigte die Vorteile von Symbolsystemen und Buchstabensystemen in sich, um eine möglichst schnelle, unkomplizierte und ausdrucksvielfältige Kommunikationsmöglichkeit zu schaffen. Er nähert sich mit seinem System schon an eine Idealform der alternativen Kommunikationshilfe an. „Ideal im Bereich alternativer und ergänzender Kommunikation wäre ein System, das möglichst geringe kognitive Anforderungen stellt, auf einer geringen Anzahl von Basiseinheiten aufbaut und Begriffe mit kurzen Sequenzen darstellt" (BRAUN 1991 b, S.10).

Minspeak basiert auf den Prinzipien der Hieroglyphenschrift, bei der eine Hieroglyphe, je nach Kontext, eine andere Bedeutung haben kann. Auch die Minspeak-Symbole werden nicht, wie z.B. die Bliss-Symbole, mit einer festgelegten Zuschreibung verwendet, sondern ihre Bedeutungsinhalte ergeben sich aus dem jeweiligen Kontext, bzw. aus der Kombination mit anderen Symbolen.

Die Belegung der einzelnen Felder, d.h. die Bedeutung der Symbole, wird von dem Benutzer selbst bestimmt. Auch die Kombination der einzelnen Symbole hängt von der Vorstellung des Einzelnen ab und kann individuell unterschiedlich sein. Es bie-

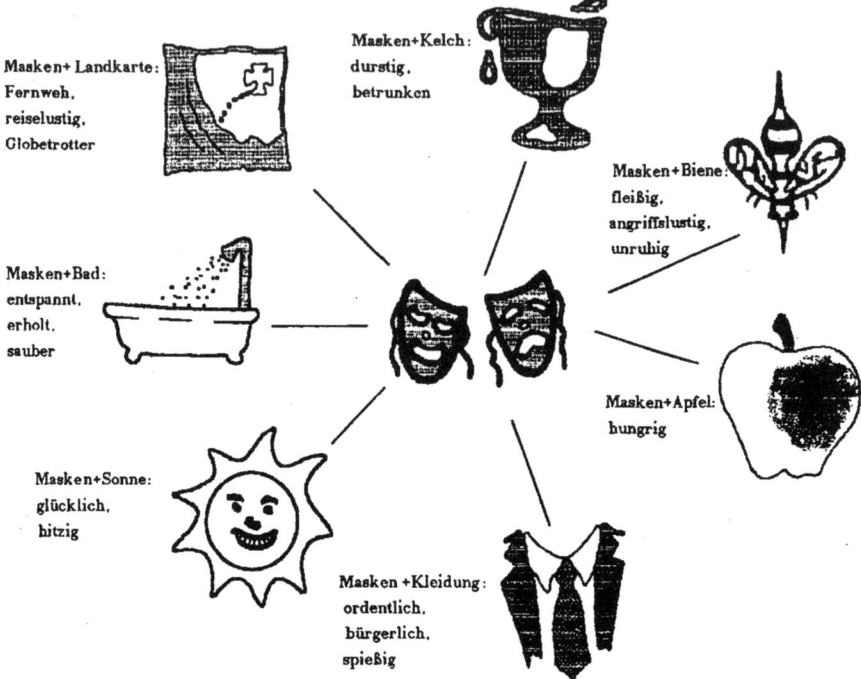

Beispiele von möglichen Assoziationen zu Ikonenkombinationen
(Abb. aus BRAUN 1991 b, S.11)

ten sich einige Kombinationen an, die semantisch sinnvoll erscheinen und die sich daher auch leichter merken lassen. „Minspeak ist kein bestimmtes Symbolsystem, sondern eine Strategie, Symbole zu benutzen" (BRAUN 1991 b, S.11).

Bei der Anwendung des Touchtalkers drückt der Benutzer die einzelnen Symbolfelder in der vorher festgelegten Reihenfolge. Erst wenn dann die Ende- (Eingabe-) Taste gedrückt wird, wird die gewünschte Aussage abgerufen und der Touchtalker zeigt sie auf der Displayanzeige an und spricht sie aus. Die Aussagen wurden vorher mit der gewünschten Symbolkombination schriftlich eingespeichert.

Die Vorteile von Minspeak bestehen darin, daß es von nichtsprechenden Menschen der unterschiedlichsten Altersstufen und intellektuellen Fähigkeiten angewendet werden kann und daß keine Lese- und Schreibfähigkeiten vorausgesetzt werden. „Durch Minspeak wird es möglich, ein großes Vokabular unter wenigen assoziativ kombinierten Symbolen in Computern abzuspeichern und bei Bedarf mit einer geringen Anzahl von Tastaturaktivierungen abzurufen. Diese Art der Kodierung erleichtert nach Baker das Erinnern der Kodes erheblich, da sie von individuell bedeutsamen Bildassoziationen und nicht von willkürlichen Buchstabenfolgen ausgehen" (BRAUN 1991 b, S.11 f.).

Dieses Gerät läßt sich auch durch Lichtsensoren ansteuern (Lighttalker). Der Touchtalker ermöglicht somit jedem eine schnelle und variantenreiche sprachliche Kommunikation.

Schlußwort

In den vorangegangenen Abschnitten wurde versucht darzustellen, daß die Kommunikationsförderung von schwerstbehinderten Schülern und Schülerinnen nur auf einem ganzheitlichen Förderplan aufgebaut werden kann, der sich an dem Entwicklungsniveau und den Möglichkeiten des Kindes orientiert. Besonderer Wert wird dabei auf die sensorische und kognitive Entwicklung gelegt, die die Hauptgrundlage für den Spracherwerb bilden.

Die Einteilung der Gruppe schwerstbehinderter Kinder in Bezug auf die Entwicklung ihrer Kommunikationsfähigkeit erleichtert es, das einzelne Kind in die entsprechende Gruppe einzuordnen und dadurch Hinweise und Anregungen für die aktuelle und weiterführende Kommunikationsförderung zu erhalten.

Die entwicklungsfördernden Einwirkungsformen auf Sprachver-ständnis und Ausdrucksformen der Kinder lassen sich kurz zusammenfassen:

1. Gruppe (Kinder mit sensorischen Defiziten und ohne Sprachverständnis):
   – Basale Stimulation zur Erweiterung der sensorischen Möglichkeiten;
   – Kommunikationsangebote (Babytalk) zum Aufbau des Sprachverständnisses;
   – Abfordern von Ja/Nein-Reaktionen.

2. Gruppe (Kinder mit Sprachverständnis, die erste kommunikative Signale aussenden):
   – Ausbau der Ja/Nein-Reaktionen;
   – Einführung einfacher Hilfsmittel.

3. Gruppe (Kinder, die erste eigeninitiierte Signale aussenden):
   – Einführung von Symbolen oder Schrift zur Erweiterung der kommunikativen Kompetenz;
   – Einführung in die Anwendung technischer Hilfsmittel.

4. Gruppe (Kinder, die schon sprachersetzende Ausdruckssysteme benutzen):
   – Ausbau der Schrift- und Symbolsprache;
   – Einsatz von Kommunikationsgeräten,

Alle dargestellten Fördermaßnahmen werden durch den Einsatz von Materialien unterstützt. Sie geben dem Kind nicht nur einen motivationellen Anreiz, sondern ermöglichen ihm auch auf einer höheren Entwicklungsstufe, selbständig und eigenbestimmt zu kommunizieren. Welche Kommunikationsformen und Hilfsmittel im Endeffekt für das einzelne Kind erreichbar und sinnvoll sind, kann nur in der intensiven Beschäftigung mit dem Kind herausgefunden werden.

Materialverzeichnis

Informationen

In diese Dokumentation konnten lediglich die Hilfsmittel und Fördermaterialien aufgenommen werden, die auch im Rahmen des Forschungsprojekts der Forschungsgemeinschaft „Das körperbehinderte Kind" e.V. Anwendung gefunden haben. Die Zahl der Hersteller von Hilfsmitteln, insbesondere elektronischer Kommunikationshilfen, hat sich in den letzten Jahren stark erweitert. Eine aktuelle Liste von Herstelleradressen sowie ein Videofilm, der den Einsatz der Materialien während des Forschungsprojekts dokumentiert, ist erhältlich bei der Forschungsgemeinschaft und beim:

Bundesverband für Körper- und Mehrfachbehinderte e.V.
Brehmstr. 5–7
40239 Düsseldorf
Tel.: 0211/626651 Fax: 0211/613972.

Der vollständige Forschungsbericht ist erhältlich bei der

Foschungsgemeinschaft „Das Körperbehinderte Kind" e.V.
Heilpädagogische Fakultät Köln
Seminar für Körperbehindertenpädagogik
Klosterstr 79b
50931 Köln.

In der Bundesrepublik Deutschland führt die Deutsche Sektion der International Society for Alternative and Augmentative Communication (ISAAC) – Gesellschaft für Alternative Kommunikation in Zusammenarbeit mit dem Bundesverband für Körper- und Mehrfachbehinderte e.V. regelmäßig Seminare und Fortbildungsveranstaltungen zum Thema „Unterstützte Kommunikation mit nichtsprechenden Menschen" durch.

Gesellschaft für Alternative Kommunikation
C/O Dr. Ursula Braun
Am Berge 7
34454 Arolsen

Weitere einführende und vertiefende Artikel, Broschüren und Bücher erscheinen im „verlag selbstbestimmtes leben" und in der Zeitschrift DAS BAND des Bundesverbandes für Körper- und Mehrfachbehinderte e.V.

Literatur

Affolter, F.: Wahrnehmung, Wirklichkeit und Sprache. Villingen-Schwenningen 1991[5]

Arentzschild, R. v.: Sprach- und Sprechstörungen. In: Biesalski, P. / Frank, F. (Hrsg.): Phoniatrie – Pädaudiologie. Stuttgart, New York 1982, S.114–192

Argyle, M.: Körpersprache und Kommunikation. Paderborn 1992[6]

Ayres, J.A.: Bausteine der kindlichen Entwicklung. Berlin, Heidelberg, New York, Tokyo 1984

Bienstein, C. / Fröhlich, A.: Basale Stimulation in der Pflege. Düsseldorf 1991

Bobath, B.: Neurologische Entwicklungsbehandlung des spastischen Kindes. In: Matthiaß, H.H. / Brüster, H.T. / Zimmermann, H.v. (Hrsg.): Spastisch gelähmte Kinder. Stuttgart 1971, S.385–386

Bonn, H.: Möglichkeiten der nonverbalen Kommunikation schwerstbehinderter Schüler unter Einsatz technischer Kommunikationshilfen. In: Fröhlich, A. (Hrsg.): Kommunikation und Sprache körperbehinderter Kinder. Dortmund 1989, S.213–217

Braun, U.: Kleine Einführung in AAC. In: Isaac's Zeitung 1/1991 a, S.2–7

Braun, U.: Minspeak – eine Kodierungsstrategie. In: Isaac's Zeitung 2/1991 b, S.9–15

Breitenbach, E. / Brand, I.: Von der Schwierigkeit das Schreiben zu lernen. In: Praxis der Psychomotorik. Heft 2, Mai 1989, S.61–66

Castillo-Morales, R.: Die orofaziale Regulationstherapie. München 1991

Crickmay, M.C.: Sprachtherapie bei Kindern mit zerebralen Bewegungsstörungen auf der Grundlage der Behandlung nach Bobath. Berlin 1978[3]

Finnie, N.R.: Hilfe für das cerebral gelähmte Kind. Ravensburg 1971

Franzkowiak, T.: Technische Hilfen für nichtsprechende Körperbehinderte. Ein Leitfaden. Bundesverband für spastisch Gelähmte und andere Körperbehinderte e.V., Düsseldorf 1985

Franzkowiak, T.: Grafische Symbolsysteme im internationalen Vergleich. In: Isaac's Zeitung 1/1990, S.12–19

Franzkowiak, T.: Software mit Bliss-Symbolen. In: Isaac's Zeitung 1/1992, S.18–20

Frey, H.: Die Bliss-Symbol-Kommunikationsmethode. Eine Einführung. Heidelberg 1987

Fröhlich, A.: Zur Förderung schwerst-körperbehinderter Kinder. In: Fröhlich, A. / Tuckermann, U. / Bundesverband für spastisch Gelähmte und andere Körperbehinderte e.V. (Hrsg.): Schwerstbehinderte. Rheinstetten 1978[2]

Fröhlich, A.: Integrierte Entwicklungsförderung für schwer mehrfachbehinderte Kinder. In: Haupt, U. / Jansen, G.W. (Hrsg.): Handbuch der Sonderpädagogik. Bd.8 – Pädagogik der Körperbehinderten. Berlin 1983, S.205–220

Fröhlich, A. (Hrsg.): Kommunikation und Sprache körperbehinderter Kinder. Dortmund 1989 a

Fröhlich, A.: Kommunikation und Sprachentwicklung bei körperbehinderten Kindern – eine Einführung. In: Fröhlich, A. (Hrsg.): Kommunikation und Sprache körperbehinderter Kinder. Dortmund 1989, S.11–28

Fröhlich, A. (Hrsg.): Lernmöglichkeiten. Aktivierende Förderung für schwer mehrfachbehinderte Menschen. Heidelberg 1989[2] b

Fröhlich, A.: Basale Stimulation. Düsseldorf 1991

Goldschmidt, P.: Logopädische Untersuchung und Behandlung bei frühkindlich Hirngeschädigten. Berlin-Charlottenburg 1972[2]

Haupt, U./Fröhlich, A.: Entwicklungsförderung schwerstbehinderter Kinder. Bericht über einen Schulversuch Teil 1. Mainz 1982

Haupt, U.: Die Behandlung von Dysarthrien. In: Knura, G. / Neumann, B. (Hrsg.): Handbuch der Sonderpädagogik Bd.7 – Pädagogik der Sprachbehinderten. Berlin 1982[2], S.227–233

Haupt, U.: Sprachstörungen bei Körperbehinderten und ihre Behandlung. In: Knura, G. / Neumann, B. (Hrsg.): Handbuch der Sonderpädagogik. Bd.7 – Pädagogik der Sprachbehinderten. Berlin 1982[2], S.393–397

Haupt, U.: Sprachheilbehandlung. In: Haupt, U. / Jansen, G.W. (Hrsg): Handbuch der Sonderpädagogik. Bd.8 – Pädagogik der Körperbehinderten. Berlin 1983, S.290–297

Heidingsfelder, M.: Materialien zur Förderung der Begriffsbildung und des Wahrnehmungstrainings Schwerstkörperbehinderter. In: Begemann, E. / Fröhlich, A. / Penner, H.: Förderung von schwerstkörperbehinderten Kindern in der Primarstufe. Mainz 1979, S.145–149

Holzmann, E. (Hrsg.): Holzmann's Fördermedien für schwerstbehinderte Schüler. Beiheft zum Katalog. Teil I. Hagen 1988

Jansen, G.W. / Kunert, S. / Sevenig, H.: Aspekte der Persönlichkeitserziehung bei körperbehinderten Kindern. In: Haupt, U. / Jansen, G.W. (Hrsg.): Handbuch der

Sonderpädagogik. Bd.8 – Pädagogik der Körperbehinderten. Berlin 1983, S.27–51

Knupfer, H. / Rathke, F.W.: Spastisch gelähmte Kinder im Alltag. Stuttgart 1986[3]

Kultusminister des Landes Nordrhein-Westfalen (Hrsg.): Richtlinien für die Förderung schwerstbehinderter Schüler in Sonderschulen und Hinweise für den Unterricht. Köln 1985

Leboyer, F.: Sanfte Hände. Die traditionelle Kunst der indischen Babymassage. München 1989[10]

Löb, R.: Mit Löb System lernen. Amberg 1985

Matthiaß, H.H. / Brüster, H.T. / Zimmermann, H.v. (Hrsg): Spastisch gelähmte Kinder. Stuttgart 1971

Oskamp, U.: Aufgaben der Kommunikationsförderung Köperbehinderter. In: Fröhlich, A. (Hrsg.): Kommunikation und Sprache körperbehinderter Kinder. Dortmund 1989, S.81–99

Piaget, J. / Inhelder, B.: Die Psychologie des Kindes. München 1991[4]

Rahmen, H. / Fröhlich, A.: Spiel- und Anregungsmaterial für schwerstbehinderte Kinder. In: Zeitschrift für Heilpädagogik, Beiheft 12 – Bewegen, Erleben, Lernen. Dez. 1985, S.55–63

Sevenig, H.: Zur Frage der Förderbarkeit von Kindern und Jugendlichen mit schwersten cerebralen Bewegungsstörungen und Anarthrie. Erarbeitung und Erprobung von Fördermaßnahmen und Fördermaterialien als Längsschnittstudie. Unveröffentlichter Projektbericht, Köln 1991

Simon, W.: „Komm' mal bitte – ich habe eine Frage!" – 7 Monate mit dem Introtalker – ein Erfahrungsbericht! In : Isaacs Zeitung 1/1992, S.2–8

Thomas, T.: Fördermaterialien für den Unterricht mit schwerstbehinderten Schülern – eine Erhebung in Schulen für Körperbehinderte und Lehrmittelverlagen. Schriftliche Hausarbeit. Köln 1989

Trautwein, S.: Gesichtspunkte der krankengymnastischen Behandlung bei schwerstkörperbehinderten Kindern. In: Begemann, E. / Fröhlich, A. / Penner, H.: Förderung von schwerstkörperbehinderten Kindern in der Primarstufe. Mainz 1979, S.155–158

Watzlawick, P. / Beavin, J.H. / Jackson, D.D.: Menschliche Kommunikation. Bern, Stuttgart, Wien 1980[5]

Wirth, G.: Sprachstörungen, Sprechstörungen, Kindliche Hörstörungen. Köln 1990[3]

Autoren

Dr. Heinz Sevenig, Wissenschaftlicher Mitarbeiter an der Heilpädagogischen Fakultät der Universität zu Köln, Seminar für Körperbehindertenpädagogik, Mitarbeiter der Forschungsgemeinschaft „Das körperbehinderte Kind" e.V.

Ursula von Köller, Sondersschullehrerin (LAA), 1990–1993 Mitarbeiterin der Forschungsgemeinschaft „Das körperbehinderte Kind" e.V.